韓國藏清人尺牘合集

# 海外墨緣

## ——清代中朝士人交往尺牘

上

千金梅　丁小明　編撰

復旦大學出版社

香港近墨堂書法研究基金會資助項目

圖書在版編目（CIP）數據

海外墨緣：清代中朝士人交往尺牘：上下册/千金梅，丁小明編撰．—上海：復旦大學出版社，2024.5（2024.12重印）
（韓國藏清人尺牘合集）
ISBN 978-7-309-16487-9

Ⅰ．①海…　Ⅱ．①千…　②丁…　Ⅲ．①書信集-中國-清代　Ⅳ．①I264.9

中國國家版本館CIP數據核字（2023）第208791號

# 海外墨緣：清代中朝士人交往尺牘（上下册）

千金梅　丁小明　編撰

出版發行　復旦大學出版社
上海市國權路五七九號　郵編：二〇〇四三三
八六—二一—六五一〇二五八〇（門市零售）
八六—二一—六五一〇四五〇五（團體訂購）
八六—二一—六五六四二八四五（出版部電話）
fupnet@fudanpress.com　http://www.fudanpress.com

出品人　嚴　峰
責任編輯　高　原
封面設計　馬曉霞

印　　刷　上海世紀嘉晉數字信息技術有限公司
開　　本　八九〇×一二四〇　十六分之一
印　　張　三一
字　　數　三四六千
版　　次　二〇二四年五月第一版
印　　次　二〇二四年十二月第一版第二次印刷

書　　號　ISBN 978-7-309-16487-9/I・1372
定　　價　壹仟貳佰捌拾圓

# 韓國藏清人尺牘的文獻價值

千金梅

近年來學者研究古代中韓文人交流時主要集中於各種燕行文獻、筆談和文集中的記載等較爲常見的資料，而兩國文人往來尺牘集作爲最新資料逐漸被學界關注，尤其清代文人致朝鮮文人的手札原帖，是中韓文人交流的第一手資料，其絶大部分未見載於國内文獻，更是具有重要的學術和史料價值。自二〇〇六年我在韓國延世大學攻讀博士學位時就開始搜集研究古代中韓文人交流尺牘資料，其間發現了諸多新材料，包括清人手札原帖、抄本尺牘集，以及載於文集中的尺牘，如《中朝學士書翰》《清朝名家書牘》《中士尺牘》《中朝學士書翰録》《嚴果尺牘》《金魯敬手札》《天雁尺芳》等尺牘原帖，《燕杭詩牘》《搢紳赤牘》《尺牘藏弆集》《玉河簡帖》《華使尺牘》等抄本尺牘集，都是被我首次發現，並在韓國發表多篇專題論文及博士學位論文，向學界公佈新發現尺牘資料的内容和文獻價值。[一]二〇一三年我有幸結識了中韓往來尺牘方面的研究專家丁小明教授，並得到香港近墨堂書法研究基金會的慷慨資助，開展韓國藏清人尺牘集的整理出版項目。二〇一四年底我與丁小明教授赴韓國各大藏書機構收集資料，最終得到韓國首爾

---

[一]《洪大容 집안에서 편집한〈燕杭詩牘〉》(《洪大容家族編撰的〈燕杭詩牘〉》)，《洌上古典研究》第 27 輯，2008 年；《〈中朝學士書翰〉을 통해 본 金在行과 杭州 선비들의 交流》(《通過〈中朝學士書翰〉看金在行與杭州學士的交流》)，《東亞人文學》第 14 輯，2008 年；《金永爵과 한중 척독교류의 새 자료〈中朝學士書翰録〉》(《金永爵與韓中尺牘交流新資料〈中朝學士書翰録〉》)，《東洋古典研究》第 34 輯，2009 年；《金命喜와 清朝 文士들의 척독교류——〈尺牘藏弆集〉을 중심으로》(《金命喜與清朝文士的尺牘交流——以〈尺牘藏弆集〉爲中心》)，《淵民學志》第 13 輯，2010 年；《임오군란시기 한중 문사들의 문화교류》(《壬午軍亂時期韓中文士交流》)，《韓國學論集》第 50 輯，2013 年；《石菱 金昌熙와 南通 文人 張謇의 交流》(《石菱金昌熙與南通文人张謇的交流》)，《洌上古典研究》第 39 輯，2014 年；《卞元圭與清朝文士的交流尺牘帖〈北雁尺一〉初探》，《東亞文獻研究》第 14 輯，2014 年；《대원군 이하응과 청조 문사들의 교류 –〈天雁尺芳〉을 중심으로》(《大院君李昰應與清朝文士的交流考——以〈天雁尺芳〉爲中心》)，《東亞人文學》第 37 輯，2016 年；《18—19 世紀朝清文人交流尺牘研究》，博士學位論文，延世大學，2011 年。

大學、奎章閣韓國學研究院、高麗大學、國立中央圖書館等機構的授權，同意我們影印館藏尺牘集資料。經過三年的努力，又在復旦大學出版社的支持下獲得二〇二〇年度國家古籍整理出版專項經費的資助，於二〇二一年出版了韓國藏清人尺牘合集第一部《大陣尺牘：晚清駐朝使臣致朝鮮大臣金昌熙叢札》。今年我們推出韓國藏清人尺牘合集第二部《海外墨緣》。這次整理出版的清人尺牘集共六種，其中《中朝學士書翰》《清朝名家書牘》《中士尺牘》《中朝學士書翰録》藏於韓國高麗大學圖書館華山文庫，《覃溪手札帖》藏於韓國奎章閣韓國學研究院，《同文神交》藏於韓國國立中央圖書館。這些尺牘集中收録諸多清代著名學者的手札，展現中韓兩國文人的深厚友情和文化交流的豐富内容與細節。這六種尺牘集首次在國内整理影印出版，向學界公佈韓國藏清人尺牘資料的真實面貌，希望爲中韓兩國學術交流研究、清代學者研究，以及古代中韓關係研究，提供新的啓示和路徑。現將這六種尺牘集略作解題，同時略加談論其文獻價值。

## 一

《中朝學士書翰》是收録十八世紀清代杭州三學士嚴誠、潘庭筠、陸飛致朝鮮文人金在行手札的尺牘帖，現藏於韓國高麗大學圖書館華山文庫。《中朝學士書翰》共一册，尺寸 30.3×21.0 厘米，封面用木版裝幀，正面貼有題簽「中朝學士書翰」，其下小字注「乾隆三十二年丁亥完」。這裏「中朝」是指中國，明清時期朝鮮文人多以「天朝」「中朝」尊稱中國，「學士」指嚴誠、潘庭筠、陸飛等人，因爲他們與朝鮮使臣相識於北京時是進京趕考的舉人，但當年他們都没有中進士，後來嚴誠早夭，陸飛歸隱，衹有潘庭筠四年之後中榜入翰林，因此皆尊稱爲「學士」。「乾隆三十二年丁亥」即一七六七年，是金在行燕行歸國後的第二年，尺牘帖中能夠考證寫信時間最晚的便是一七六七年陸飛尺牘。「完」字應是「完本」的意思。

《中朝學士書翰》共有十七件信札，包括尺牘十通，詩稿六件，記文一篇。分别爲嚴誠尺牘二通，詩稿一件，《養虚堂記》一篇；潘庭筠尺牘四通，詩稿三件；嚴誠與潘庭筠共同署名的尺牘二通，詩稿一件；陸飛尺牘二通，詩稿一件。《中朝學士書翰》收録的是金在行遊北京時與嚴誠、潘庭筠、陸飛諸人相唱酬及回國後往復尺牘。其中潘庭筠三通尺牘是在金在行回國之後寫的，嚴誠和陸飛尺牘中各有一通也是金在行回國之後寫的，其他都是金在行出使中國在北京遊歷期間寫的。此外，尺牘帖末尾附有一篇落款爲「白牛陽月望日朱溪翁羅子晦書」的跋文，這是朝鮮文人羅烈（一七三一—一八〇三，字子晦，號朱溪）所寫，白牛即辛丑年，應爲一七八一年。內容主要是稱贊嚴誠、潘庭筠、陸飛三人「尊仁好義，博雅君子也」，感慨金在行與杭州三學士終始相與之義，最後附上兩國文人曾用清陰先生韵相和的七言律一首。

嚴誠（一七三二—一七六六），字力闇，號鐵橋，浙江仁和（今杭州）人，乾隆三十年（一七六五）舉人。現存朱文藻編《鐵橋全集》。潘庭筠（一七四二—?），字蘭公，號秋庫、德園，浙江錢塘（今杭州）人。乾隆三十年舉人，乾隆三十四年中正榜，入翰林，乾隆三十六年五月由內閣中書入直，乾隆四十三年復中戊戌進士，官至陝西道監察御史（一説以舉人授內閣中書，乾隆四十三年成進士，入翰林，轉陝西道監察御史）。後告歸養親，歸後主惠南書院，喜從方外遊，工繪事，常隨筆作水墨花卉，有《稼書堂集》。陸飛（一七一九—?），字起潛，號筱飲，浙江錢塘人。乾隆三十年舉人，有《筱飲齋稿》。此三人是同年浙江舉人，而陸飛則是當年的解元。

金在行（一七一八—一七八九），字平仲，號養虛，籍貫安東，是安東金氏名門後裔，但終身未入仕途，死後追贈司僕正。乾隆三十年金在行以子弟軍官身份跟隨其族兄金善行出使中國。當時朝鮮冬至兼謝恩使團的正使是朝鮮王室宗親順義君李烜；副使是禮曹判書金善行，字述夫，號休休先生；書狀官是執義洪檍，字幼直，執義爲三品官。此行還有洪大容，他以子弟軍官身份跟隨叔父洪檍一同出使。所謂子弟軍官是指正使、副使、書狀官從自己的子侄、兄弟等親戚中選一人作爲個人陪同軍官的隨行人員，其實都是文人，跟隨三使出使中國，主要是想增長見聞，開闊眼界，結交中國文士。金在行與洪大容同爲子弟軍官，一路相伴，在北京遊歷期間共同結識了當年進京趕考的杭州舉人嚴誠、潘庭筠、陸飛三學士，並與他們筆談、詩歌唱酬、尺牘往來，締結了深厚的友情，歸國後一直保持尺牘往復，成爲天涯知己之交。他們的故事不僅在朝鮮文人間流傳，在清朝的後世文人當中也廣爲流傳，成爲讓人欽慕的傳奇佳話。

清朱文藻爲其友人嚴誠編撰文集《鐵橋全集》時專門整理編撰的《日下題襟集》中，收録嚴誠與當年朝鮮使臣交流的尺牘和詩文，嚴誠對每一個朝鮮使臣都畫了畫像並進行介紹。其中金在行的肖像畫的是穿着朝鮮戎服站立的形象，畫像旁邊介紹曰：「金秀才在行，字平仲，號養虚，年四十五歲，清陰先生侄曾孫也，金宰相之弟。本秀才而作戎裝者，因願見中華風物，故隨使來而改服耳。每自謔曰武夫武夫云。豪邁倜儻之士，工詩善草書，不修邊幅，舉止疏放，可喜。」可見金在行的豪爽性格和文采，深得嚴誠等杭州三學士的青睞。

《中朝學士書翰》中收録的尺牘反映嚴誠、潘庭筠、陸飛杭州三學士與金在行在北京期間和金在行回國之後的交流内容。這些尺牘的主要内容是相互問候和贈送禮物，相約見面日期，詩文唱酬，依依惜别，以及金在行回國之後表達思念之情，轉告自己和友人的近况，贈送書籍和金石碑文等。從中我們可以看到金在行與杭州三學士交流的細節和深厚友情。此外，有關金在行與杭州三學士的交流資料，還有洪大容編撰的《乾浄筆談》，記録了一七六六年二月洪大容和金在行在北京與嚴誠、潘庭筠、陸飛等杭州三學士交遊的經過。《日下題襟集》和《燕杭詩牘》等抄本文獻，也記載了金在行與杭州三學士唱酬的詩文和尺牘。《中朝學士書翰》與上述文獻相互對讀參看，可以更加全面地瞭解金在行與杭州三學士的交流情况。

據《乾浄筆談》記載，金在行和洪大容隨朝鮮冬至使團在一七六五年底到達北京，一七六六年二月三日經朝鮮使團裨將李基成牽綫到琉璃廠乾浄衕天陞店，拜訪了李基成在琉璃廠買眼鏡時偶遇的浙江舉人嚴誠與潘庭筠。嚴誠和潘庭筠熱情接待了二人，席間聞知金在行是朝鮮閣老金尚憲後代之後，嚴誠拿出載有金尚憲詩句的王士禛《感舊集》以示。金尚憲號清陰，是明末清初朝鮮大臣，曾出使明朝，在山東登萊與中國文人唱酬，被王士禛選入絶律數十首。金尚憲與金在行的五世祖金尚寯是堂兄弟，因此可算是金在行的遠祖。金在行即席次清陰韵賦絶句一首，嚴誠與潘庭筠立即次韵和之。臨走時嚴誠還將《感舊集》全秩贈送給朝鮮文人。兩國文人在漢字漢文的相同文化背景下，迅速情投意合，歡談竟日，並約定次日嚴、潘二人回訪朝鮮使臣寓所玉河館。當日金在行所賦絶句載録朱文藻編《日下題襟集》中，嚴、潘二人的次韻詩原件則收於《中朝學士書翰》尺牘帖中。此後至朝鮮使臣回國之前的一個月裏，兩國文人多次見面筆談、唱和。若不能相見，輒尺牘往復，互訴衷腸，約定相見日期。陸飛於一七六六年二月二十二日到達北京，得知嚴、潘與朝鮮使臣交往事跡後，非常羨慕，隨之也加入他們的交流之中。當年金在行四十九歲，陸飛四十八歲，洪大容三十六歲，嚴誠三十五歲，潘庭筠二十五歲，雖然年齡相差較大，卻傾蓋如故，以兄弟訂交，建立了深厚的友情。

金在行喜歡賦詩，善書，性格豪放，又愛飲酒。杭州三學士與他相談甚歡，給予高度評價。《中朝學士書翰》中嚴誠爲金在行撰寫的記文《養虛堂記》中寫道：

> 余既敬洪君之爲人，而於金君又愛之甚焉。金君喜作詩，於漢魏盛唐諸家，心摹手追，風格遒健，而艸書亦俊爽可喜。

陸飛尺牘中贊歎金在行曰：「兩詩作於匆匆將行之時，尚能如此超脱穩愜，語到情至，益增敬佩！」潘庭筠尺牘中更將金在行的豪爽性格和善詩酒與李白、蘇軾等人比之，曰：「足下天懷高妙，琴書跌宕，詩酒蕭閒，如李青蓮、蘇子瞻，一輩人目中未見其匹。」可見金在行的豪邁性格和能詩善書的文采讓杭州三學士敬佩又喜愛，非常樂意與之交往。金在行與杭州三學士雖然語言不通，相處短暫，但彼此真誠相待，結下深情厚誼。金在行回國之後與杭州三學士繼續尺牘往復，可謂天涯知己之交。

《中朝學士書翰》的前半部分集中收録金在行在北京時陸飛、嚴誠、潘庭筠寫的詩稿和尺牘，後半部分集中收録金在行回國之後三人寫的尺牘，而穿插了一首金在行在京時的潘庭筠贈詩。金在行在京時收到的尺牘和詩稿主要反映出與嚴誠、潘庭筠、陸飛的詩文唱酬和依依惜别之情，如嚴誠與潘庭筠的尺牘中有「拜讀瓊篇，如獲鴻寶，當謹次元韵馳上」，然後就是嚴誠的七言律詩《敬次清陰先生韵和答養虛尊兄兼請教定》一首和潘庭筠的七言律《次韵奉贈養虛吟長兄》一首；陸飛尺牘中「兩詩作於匆匆將行之時」之語，以及在扇面上寫的送别詩；潘庭筠爲金在行朝鮮居所「養虛堂」作一首五言律詩《養虛堂爲金丈平仲所居，不能蔽風雨，賦詩志慨》，嚴誠撰寫記文一篇《養虛堂記》等等，都表現出金在行和杭州三學士的詩文唱酬。嚴誠在《養虛堂記》中講述他與金在行交往的經過，並贊揚金在行作爲朝鮮貴胄之後，卻「以浮雲視富貴」，「不欲强懶且傲之性以求效於世」的高潔品格。

嚴誠和潘庭筠共同署名的尺牘有「昨日足下不至，鬱甚」「今得手教，深愜鄙懷」「十五六七日，不妨連日奉談笑也」等語，反映出他們與金在行不能相見時尺牘往復以表衷腸、約定相見日期等細節，亦可見他們交情匪淺。因此離別時他們都顯得非常悲傷和不捨，如嚴誠和潘庭筠的尺牘中表示「天涯知己，千古奇緣，依戀之私，筆難盡罄，惟有中心藏之而已」，陸飛的送別詩「別愁千斛斗難量，不得臨岐盡一觴。直恐酒悲多化淚，海風吹雨濕衣裳」，嚴誠與潘庭筠的贈別詩「袖裏相思字，都成碧血痕。離愁三百斛，填滿正陽門」等句，無不顯示他們離別時的傷感和依依不捨之情。可見雖短暫的相處，卻締結了深厚的友情。

《中朝學士書翰》中有幾通金在行回國之後嚴誠、潘庭筠、陸飛寫的尺牘，其中有潘庭筠三通，嚴誠與陸飛各一通。主要是表達思念、互贈禮物、告知近況等，尤其是告知嚴誠的死訊，悲痛不已。

潘庭筠在離別半年以後寫的第一通尺牘中表達對金在行的思念，曰「燕城判袂，更會無期，東望海雲，黯然欲絶。伏惟學履清勝爲慰」，第二通尺牘中曰「萬里良朋，千秋奇遇，固自佳話，因起離悰，望風懷想，何以爲情。比得手書，如奉詩教，差足自慰」，都表現出對異國友人深深的思念之情。

潘庭筠在金在行回國後寄去的第二通尺牘中告知了自己和陸飛的近況，以及嚴誠病逝的消息——

> 別後南北奔馳，無一善狀。頃又入都，風塵落落，德業不進，良增内疚。篠飲歸卧西湖，放情詩酒。鐵橋竟入道山仙去，有才無年，天道難知，爲之悼歎！城南把臂之樂，邈不可再。如何，如何！

從右引潘庭筠尺牘來看，他又進京趕考了，原本第一通尺牘中説自己落第之後回到杭州泛舟西湖，這次又來北京繼續追求功名。陸飛回到杭州歸隱了，而嚴誠去世了。他哀悼嚴誠的夭折，感歎昔日在北京時中韓兩國文人相聚的歡樂邈不可再。

潘庭筠第三通尺牘中更是感慨萬千，回憶往事，感覺恍如隔世，表達了無限思念與哀傷之情。他説："使星至，得清札，辭旨酸楚，益增存没之感。"因爲嚴誠和金善行已經去世，陸飛三年未見，洪大容又在服喪，洪檍升遷，當年的正使順義君李烜雖然後來又兩次出使中國，卻未能相見。他回憶當年在北京相交的往事，不勝感慨。"回憶城南舊遊，恍同隔世。舊雨晨星，殊深惆悵，涕安得不流，髮安得不素耶！"可見友情至深。這通尺牘應該是在離别三年之後的一七六九年寫的。

金在行得知嚴誠病逝的噩耗之後，悲痛不已，登山大慟，撰寫哀辭寄去。《杭傳尺牘》中洪大容給陸飛的信《與篠飲書》裏寫道："金養虚落拓依舊，聞鐵橋訃，登山大慟，旋有書致慰，滿幅悲恨，令人感歎。"從潘庭筠寄來的第三通尺牘可知金在行的這篇哀辭寄到了嚴誠家裏。

所作鐵橋哀辭，文工而意苦，可謂不忘死友者。當即寄其兄九峰先生，長吟於鐵橋墓門之前，俾死者知之也。

可知潘庭筠收到金在行寄來的爲嚴誠撰寫的哀辭之後，寄給嚴誠的兄長嚴果（號九峰），使讀於嚴誠墓前。金在行的這篇哀辭載入《日下題襟集》中，可知確實送到了嚴誠家中。

《中朝學士書翰》有一通嚴誠尺牘，是他遠客福建病中寫給金在行的，信中嚴誠表達了對金在行及朝鮮友人的思念和會面無期的痛苦：

吾輩爲終古不再見之人，而又萬里寄書，艱難之至，三復來教，令人氣結心死。蘇李河梁之别，豈足比吾輩之恨於萬一哉？猶記湛軒有云，終歸一别，不如初不相逢。每念斯言，潸焉出涕。弟與吾兄氣味相投，實緣性情相似，彼造物者亦何苦播弄此終古不再見之人，而作此一月之合哉？故鄉戚友雖復星離雲散，終有會面之期，如吾湛軒、養虚兩人，則惟有閉目凝想若或見之而已，哀哉，哀哉！

從右引尺牘内容可知嚴誠收到金在行三次寄信，他感歎與金在行性情相似、氣味相投，而造物弄人，如今終古不能再相見，還不如當初不相逢，想起就潸然淚下，唯有閉目凝想思念之人若在眼前。嚴誠這通尺牘是"丁亥九月朔日書於南閩寓館」，即一七六六年九月遠客他鄉福建時所寫，而且是在「病瘧兩月有餘，今尚未痊，奄奄伏枕，心思昏亂」的情況下提筆，表達千言萬語難以言表的相思之懷。這份深情實在感人。信末他又賦詩二首，其中一首曰：

一別成千古，生離是死離。書來腸欲斷，夢去淚先垂。豪士中原少，清辭兩晋宜。百年吾與爾，泉下盡交期。

没想到詩中所寫「生離是死離」「泉下盡交期」竟成讖語，不久之後嚴誠終不治而逝。這通尺牘成爲他最後的道別信。

金在行回國後曾寫一通尺牘寄給杭州三學士同覽，信中表達對杭州三學士的無限思念和不能再見的哀愁，並將他們之間的離别與蘇武、李陵的河梁贈别相比，又表達自己至死不渝對杭州三學士的友情。金在行的這通尺牘收録於《日下題襟集》。上述《中朝學士書翰》中嚴誠閩中尺牘正是對金在行的回信。《中朝學士書翰》陸飛的尺牘也是對金在行的回信，這通尺牘是在離别兩年之後寫的。陸飛信中回顧在北京時與金在行的相交，認爲他們之間的交往言論是「極天下之至文」：「昨歲京邸一時萍聚，淋漓跌宕，忽而莊論，忽而諧語，便是極天下之至文。」而且認爲蘇李河梁贈别不如他們：「豈若我輩今日中外一家，浩浩落落，無不盡之懷耶！」信中陸飛還對嚴誠的死表示哀慟，將嚴誠去福建患病回來不久就去世的過程告訴金在行，並且説他曾苦口力阻，而嚴誠迫於父命還是去了福建，信末附上《哭鐵橋》七言律一首。從上述《中朝學士書翰》所載潘庭筠、嚴誠、陸飛的尺牘中我們可以看到金在行與杭州三學士「存殁相寄，音不斷」的真摯友情，感人肺腑。

此外，兩國文士還有書籍和金石學等方面的交流。潘庭筠的信中表示會試落第回家閒居之餘，想要收集朝鮮的風土世紀和詩文編撰一本書，「使海内知周太師禮義之教，風化之美，至今猶有存者」，希望金在行抄録一些資料寄給他。其實潘庭筠在寫給洪大容的信中也要求給他寄些朝鮮的文獻，洪大容編撰《海東詩選》三卷寄給潘庭筠，這本書現藏於北京大學圖書館；另外還贈《東事總要》《卜居論》等書，可惜潘庭筠最終没能完成著書。潘庭筠給金在行寄信的同時也贈送了一些文獻，如家中珍藏的李斯《嶧山碑》石刻拓本，以及詩話、法帖等，還説「如欲中國何書，乞示知，以便郵寄」。

綜上所述，通過《中朝學士書翰》我們可以瞭解金在行在北京和回國後與嚴誠、潘庭筠、陸飛等人的交流内容和細節，探知他們真誠永恒的國際友情。更可貴的是，《中朝學士書翰》中潘庭筠的三首七言絶句和歸國後寄給金在行的第二通尺牘，是其他文獻没有記載的獨一無二的資料。而且《中朝學士書翰》作爲尺牘原件，相較於其他經過整理編撰的抄本資料，更具有文獻價值。

那么《中朝學士書翰》是如何編撰而成的呢？這本尺牘帖中夾有韓國近代著名的古籍商及藏書家李聖儀（一九〇二—一九六五）的手稿六頁，其内容是簡單介紹写信人生平和尺牘帖信息，落款一九六二年九月一日。李聖儀，號華山，高麗大學華山文庫就是以他捐贈的圖書而建。《中朝學士書翰》《清朝名家書牘》《中士尺牘》《中朝學士書翰録》都是華山文庫的貴重本古籍，曾是李聖儀先生的藏書。這些尺牘帖中大多附有他的手稿，爲讀者提供了重要的信息和綫索。

李聖儀先生手稿中寫道，《中朝學士書翰》尺牘帖是洪大容親自制本，書箋是雲峴大監興宣大院君李是應親筆書寫的。根據這個綫索筆者進一步調查發現，洪大容文集《湛軒書》中一篇跋文《金養虚在行浙杭尺牘跋》中記述了金在行與杭州三學士交流的經過，以及洪大容爲金在行編輯尺牘帖的事實。引全文如左：

將大伸者必屈於小，將遠達者必窮於近。今平仲在東方，家甚貧，不能得斗粟之禄，才長於詩，人亦不甚奇之。每醉後狂吟，陶陶然樂也，人皆笑之以爲虛也。平仲聞而喜之曰：「虛真我欲也。」乃自號曰養虛。夫貧者，人之所惡也，平仲不欲苟去也。有才而不見知，士之不幸也，平仲不欲苟衒也。虛者，世俗之所棄也，平仲乃樂而養之，惟恐其虛之不成也。嗚呼！安得不屈且窮也。一朝具韎韋入燕都，與浙杭三人相得甚歡。三人者，皆許其高而自以爲不及也。又以其豪爽跅弛，無偏邦氣味，益交之深如舊識也，今見帖中諸書可知也。三人者，皆漢晋故家之裔，風流隽才，又江表之極選。今平仲之見稱許如是，從此平仲之詩，可以膾炙於華人口吻，而養虛之號，可以不朽於天下矣。向使平仲務實而媚世，一資半級，得焉自以爲榮也。其伸且達者，視此果何如也？雖然，屈伸時也，窮達命也，時與命天也，豈足爲平仲榮辱哉？惟醉燕南之酒，攜三子之手，嬉笑嫚駡，蕩滌其半生磈磊，養虛之所養，其在斯歟？是行也，余實與之終始焉。其詩札固不止此，歸後多散失，其僅存者，又貧不能爲粧，余挈

> 取而編帖以歸之。始吾輩歸後，東人之務爲索論者謗議紛然。嗚呼！局於小者不足以語大，拘於近者不足以語遠。養虚其以此帖束之巾衍，勿示非其人也。

從這篇跋文中可知，洪大容確實爲金在行編輯了詩札帖，而且金在行與杭州學士的詩稿和尺牘不止這些，衹是回國後多有散失。因爲金在行没有官職，非常貧窮，没錢裝幀，所以洪大容作爲朋友，就幫他收拾殘餘詩札編成帖送給他。雖然跋文中没有明確寫洪大容製作的詩札帖名稱，但從跋文的篇名可推知大概爲「浙杭尺牘」。而且從此帖製成之後朝鮮文人爲其寫的序跋文中，也可以推知一二。比如朝鮮文人成大中觀帖後撰寫了一篇跋文《書金養虚杭士帖》，又題詩一首《題養虚金平仲在行杭士酬唱帖用清陰韵》。從題目中可知成大中稱此帖爲「杭士帖」或「杭士酬唱帖」，因爲此帖中寫信人嚴誠、潘庭筠和陸飛皆是浙江杭州人士，帖中有詩有尺牘。雖然洪大容和成大中對此帖的稱呼不完全相同，但其旨意相同。現在尺牘帖的書名應該是後人書寫的，是否如李聖儀所説「中朝學士書翰」題簽是興宣大院君李昰應親筆題寫，尚不確定。

金在行的這本尺牘帖製成之後，當時的朝鮮文人相互傳看，掀起了不小的影響。前文已提及成大中觀覽金在行杭士帖後撰寫跋文和題詩。李德懋觀覽金、洪兩人的諸帖之後，録其尺牘及詩文，抄删筆談，編撰《天涯知己書》。書中不僅摘録了杭州三學士致金在行的尺牘，還全文抄録了嚴誠爲金在行撰寫的《養虚堂記》。李德懋又在其著作《清脾録》中介紹嚴誠、潘庭筠、陸飛，並選録三人與金在行往來尺牘和詩文，尤其將陸飛的送别詩和金在行歸國後寄來的尺牘及嚴誠在福建病中寄來的最後一封尺牘和詩全文抄録。收録的這些資料，在當時洪大容編撰的文獻中没有記載，僅在金在行的尺牘帖中收録，可見李德懋也曾借閲過這本金在行的尺牘帖。朴齊家在《戲仿王漁洋歲暮懷人》詩六十首中詠金在行一首，又撰寫《養虚堂記》，以此記録金在行與杭州三學士的交流事跡。

洪大容和金在行的燕行，以及與杭州三學士的天涯知己之交，持久深厚的跨國友情，在朝鮮引起轟動，掀起了朝鮮文人積極燕行並結交清朝文人的熱潮。此後朝鮮北學派文人朴齊家、李德懋、柳得恭、朴趾源等相繼跟隨朝鮮使節出使中國，不僅到達北京，甚至去過熱河，積極廣泛地與清朝文人交流，留下了很多燕行記録。柳得恭的叔父柳琴編選《韓客巾衍集》，收録李德懋、柳得恭、朴齊家、李書九等四位朝鮮文人的詩作，並於一七七六年冬隨朝鮮謝恩使徐浩修使團帶入中國，得到潘庭筠、李調元的評點和贊譽，正是代表性事例。而潘庭筠和李調元在朝鮮更加負有盛名，由此也結交了更多出使中國的朝鮮文人。

與金在行同時出使中國並與嚴誠、潘庭筠、陸飛等結交的洪大容，回國後撰寫了燕行録《湛軒燕記》，同時整理與杭州三學士的筆談、尺牘、詩文等資料編撰《乾净衕會友録》《乾净筆談》，又編《杭傳尺牘》載於文集，因此在朝鮮非常出名，當今學者對洪大容的研究成果也很豐碩。但金在行卻因没有留下燕行録和文集，也没有官職，一直默默無聞，對他的研究也幾乎無存。然而《日下題襟集》《燕杭詩牘》和《中朝學士書翰》的發現彌補了研究資料的不足，而《中朝學士書翰》更是以第一手資料證實了金在行與杭州三學士的深厚友情，具有重要的史料價值。而且金在行作爲安東金氏名門貴族、清陰金尚憲的後裔，他與清朝文人的交往，給當時還沉浸於尊華攘夷理念中的朝鮮士大夫階層帶來了北學新風，拉開了十八世紀中韓兩國文人深入交流和締結友情的序幕，具有重要的歷史意義。

## 二

《清朝名家書牘》是收録清朝文人曹江致朝鮮文人手札的尺牘帖，現藏於韓國高麗大學圖書館華山文庫。共一册，原帖尺寸31.6×18.5厘米，封面貼有題簽「清朝名家書牘」，下有兩行小字注「嘉慶十五年庚午，怡堂先生舊珍藏書完」，帖内首頁又有題簽「曹玉水尺壹，怡堂藏」。嘉慶十五年庚午是一八一〇年，尺牘帖中有明確寫信時間的祇有一通曹江致金善民的尺牘，開頭爲「庚午二月二日玉水曹江奉書穆如仁兄足下」，其餘都没有時間。因此題簽小注的意思是此帖是一八一〇年製作完成，曾是怡堂先生的藏書。但是從收信人和尺牘内容中可以推知，其實還有一八一〇年以後的尺牘，如一八二三年寫給金命喜和金善臣同覽的尺牘，一八二八年寫給金命喜的的尺牘。收藏者「怡堂」是何人尚未詳，推測是朝鮮末期的藏書家，現存韓國文獻中有不少「怡堂」藏本。《清朝名家書牘》中曹江致朝鮮文人尺牘共九通，分别爲致金善民三通，致金命喜三通，致金善臣一通，金命喜與金善臣同覽一通，金正喜一通。

曹江（一七八一—一八三七），字玉水，號百川。父曹錫寶，乾隆末以監察御史劾奏太學士和珅，謫死遠島，贈副都御史。曹江以父蔭補官，任大理評事，官至安徽安慶府江防同知，並曾攝廬州等府事。曹江與很多朝鮮文人有交往，最早在一八〇一年，他與朝鮮使臣朴齊家（一七五〇—一八〇五）、柳得恭（一七四八—一八〇七）在北京琉璃廠書肆相識。

朴齊家是朝鮮北學派代表人物，曾四次出使清朝，一八〇一年他第四次出使，與柳得恭同行，一同與曹江相識，筆談交流，詩歌唱酬。朴齊家通過四次燕行，結識了衆多清朝文士，如李調元、李鼎元、紀昀、翁方綱、羅聘、阮元、陳鱣、黄丕烈等。朴齊家三子朴長馣爲其父整理編撰《縞紵集》，書中記録了與朴齊家相識的一七二名外國人，包括清朝漢族一六一人，滿族七人，還有安南人三人和回回王子一人，記録了他們的生平簡介，以及筆談、唱酬詩文和往來尺牘等資料，其中有曹江的簡介、筆談和尺牘。曹江簡介如左：

> 曹江，字玉水，一字百川，號石谿，吴上海人。其父錫寶，號劍亭，乾隆中以監察御史劾奏太學士和珅，謫死遠島，辛酉得白，贈副都御史。江以蔭補官，爲大理評事。

柳得恭《燕臺再遊録》記録了一八〇一年出使北京期間與曹江結識的經過和筆談内容。引録内容如左：

> 曹江，字玉水，江蘇青浦人，書肆中識之。年二十一，美姿容，問其所寓，正陽門外蔣家衚衕雲間會館也。出遊琉璃廠時多歷訪，見其獨處習隸書，日益親，備問家閥。玉水父錫寶，字劍亭，乾隆末以監察御史，劾奏太學士和珅，現贈副都御史。玉水恩給七品蔭生，奉母寓居京師，聘户部尚書朱珏從孫女。

從右引柳得恭《燕臺再遊録》記載可知，柳得恭出遊琉璃廠時與曹江相遇，此後多次訪問曹江，兩人坐在琉璃廠的書店内筆談，相交甚歡。柳得恭將要回國時，曹江贈扇並題詩曰：「奇緣萬里種，握手一歡然。雅望中朝著，新詩古驛傳。投情縞紵外，歸路海雲邊。縱復來持節，相逢也隔年。」

《清朝名家書牘》收信者四人，金正喜與金命喜是同胞兄弟，金善民與金善臣是同族兄弟，兩家族又有交情，金命喜與金善臣亦是好友。金善民（一七七二—一八一三），字希天，號清風、穆如，朝鮮文士。其弟清山金善臣撰有《穆如先生行狀》。一八〇四年金善民以冬至兼謝恩正使金思穆的伴黨身份出使清朝，在北京與曹江、李鼎元等相識，回國後撰寫《觀燕録》，記録了燕行經過。在一八〇五年正月初五的日記中就記載了他與曹江相識和筆談的經過。

飯後清流要作琉璃之遊，遂强疾出，自海大門轉向琉璃廠，訪五柳居，與陶鋪主略敘寒暄。對椅上坐一美少年，眉眼清揚，氣止温净，意其非泛泛人也。余取筆書示曰：「尊姓大名。」即曰：「姓曹，名江，字百川，號玉水。」又書曰：「盛年幾何？」曰：「現今廿四，無聞可愧。」余又書曰：「吾觀先生之玉顏與筆法，符其妍妙，殆非江南菰蘆中人也。」曰：「先生過奬，不敢當，不敢當。」余之姓名，南伯罣已書示矣，因問余號，曰：「清風，詩云『穆如清風』，其斯之謂歟？」因微笑，余意其戲笑，亦漫栩然而笑。曹曰：「非爲相謔，先生之取義在此不？」余笑曰：「然。」因與南、李兩友移時筆譚，約以再會。曹蓋江南人，天資端美，文藝夙就，現任校書郎。

金善民對曹江的印象很好，謂「其人如玉，極可人愛」。此後金善民與曹江又有幾次會面，筆談或尺牘交流，曹江亦贈書畫等。臨別時，曹江請金善民以「玉水書房」集成小序。金善民欣然答應，揮筆寫下「温兮其若玉，君子之德。湛兮其若水，君子之塞。夫其如是，發而爲君子之書，卷而爲君子之坊」相贈。

當時的書狀官元在明亦撰有燕行録《芝汀燕記》，其中有關於金善民的一些記載。在一八〇四年十二月二十六日的日記中，記載了金善民和書狀官伴黨李義聲（字季鳴）在琉璃廠五柳居與曹江相識的經過及筆談的內容。

子明與季鳴出往琉璃廠歸言，又入五柳居，希天亦來……一美少年在傍與希天酬酌，其姓曹，名江，字曰百川，號玉水，時年廿四，現帶秘書郎。

右引《芝汀燕記》中記載的日期雖然與金善民的燕行録有出入，但對曹江的敘述是相同的。

曹江稱呼金善民爲「穆如」，如「玉水每稱希天以穆如先生，希天之號清風故也」。金善民弟金善臣撰《寄贈清風詩序》中也寫道：「吾兄穆如先生之燕，與大理評事曹江爲金石交，吾兄舊號清風，曹評事請改，以故從之。」《詩經·大雅·烝民》中有「吉甫作誦，穆如清风」之句，曹江就曾向金善民問「清風」之號是否取義此詩句，因此稱其爲「穆如先生」，而金善民後來也改號爲「穆如」。曹江與金善民相識雖短暫，但情誼深厚，金善民歸國之後，兩人仍保持尺牘往來。

《清朝名家書牘》中有三通曹江致金善民尺牘，其中兩通是在北京時所寫，内容主要是問候和約定相見日期等。落款没寫具體日期，但根據燕行録記載朝鮮使臣一八〇五年二月初三就啓程回國了，因此這兩通尺牘應是一八〇五年正月間所寫。還有一通是庚午年二月二日寫的，信中有「僕與君别五年餘矣」之語，亦可推知此信是在一八一〇年所寫。信中又言「除夕之前二日秋史金公子來，袖出手書」「下次使來，彼此圖寓書之便也」等語，可知兩人藉着朝鮮使臣保持尺牘交流。後來金善民弟金善臣出使北京時，曹江得知金善民已去世，傷心不已，致金善臣尺牘中言：「穆如兄之行狀，下次使來，務望寄我耳。」金善臣歸國後果然寄來行狀，曹江讀後悵然若失，並爲金善民撰寫墓誌銘寄去，可謂情深義重。

除了金善臣之外，曹江還與朝鮮使臣李羲聲、南陟老等有交往。《芝汀燕記》記載，「季鳴往曹玉水家」，「季鳴與希天、南生陟老往玉水家，有詩酒書畫之會」。可知曹江與一八〇五年出使中國的朝鮮文人都有密切交往。

曹江致金善民尺牘中提到的「秋史金公子」，正是朝鮮著名的經學家、金石學家和書畫家金正喜。金正喜（一七八六—一八五六），字元春，號秋史、阮堂、禮堂、果老、天竺古先生等，師從朝鮮北學大師朴齊家，一八〇九年文科進士，歷任判義禁府事、兵曹參判、成均館大司成等職，著有《覃研齋詩稿》《阮堂集》。一八〇九年十月，剛剛進士及第的金正喜便跟隨其生父冬至副使金魯敬出使中國，在京期間與翁方綱、阮元及其子弟等一批清代著名學者相識，歸國後繼續保持尺牘交流。金正喜没有留下燕行録，他的文集中也没有多少燕行相關記録。二十世紀初日本漢學家藤塚鄰（一八七九—一九四八）收集了大量金正喜與清代學者的交流資料，撰寫著作《清朝文化東傳の研究》。後來韓文譯本出版，藤塚鄰收藏的金正喜資料回歸韓國，韓國學術界才得以廣泛知曉金正喜的中韓墨緣及其尺牘書畫等珍貴資料。〔一〕藤塚鄰曾評價金正喜爲朝鮮五百年來絶無僅有的英才，尤其對「清學」的造詣無人能敵。

《清朝名家書牘》中庚午（一八一〇）二月二日曹江致金善民的尺牘中寫「除夕之前二日秋史金公子來，袖出手書」，可知一八〇九年隨父出使的金正喜，在除夕前爲轉達金善民尺牘而拜访曹江，兩人从此相識。曹江對金正喜非常欣賞，他信中説：「秋史公子學博而謙，才大而心細，洵爲我輩畏友。」金正喜是朴齊家的弟子，而曹江與朴齊家、柳得恭十年前就相識，因此曹江與金正喜非常投緣，對他贊不絶口。他還有一首題贈金正喜的詩《題坡公像贈顆山》，收録在《縞紵集》中。「十年舊雨幾人存，朴（貞蕤）柳（泠齋）當時共一尊。君是兩家高弟子，話來往事可銷魂。」顆山是金正喜的號，詩中小注提到的貞蕤是朴齊家的號，泠齋是柳得恭的號，曹江與他們兩人在一八〇一年相識，十年之後他又與朴齊家弟子金正喜相交，而朴、柳兩人卻早已故去。

《清朝名家書牘》中有一通曹江致金正喜的尺牘，是贈送印章、翁方綱石刻、蘇軾石刻、畫册、筆墨等禮物的清單，但没有寫信日期。這通信前後是寫給金善臣和金命喜的尺牘，此兩人是在一八二二年出使清朝與曹江結識的，金命喜又是金正喜之弟，由此可以推測曹江這通致金正喜的尺牘可能在一八二三年所寫，並由金命喜轉達給金正喜。

金命喜（一七八八—一八五七），字性源，號山泉，秋史金正喜弟，金魯敬次子。朝鮮後期書法家，善詩文、書法。一八一〇年進士，任職弘文館直提學、江東縣令。一八二二年隨其父冬至正使金魯敬出使北京，與曹江相識，此外他

---

〔一〕藤塚鄰收集了大量清代和朝鮮學者的第一手寶貴資料，包括尺牘、書籍、字畫作品等，一九三六年撰寫了博士論文《清朝文化東傳の研究》，後於一九七五在日本國書刊行會出版。此書主要研究了金正喜與翁方綱等清代學者的學術交流，分析和闡釋了清代學術東傳朝鮮的的情況。一九九四年此書的韓文譯本《추사 김정희의 또다른 얼굴》（《秋史金正喜的另一面》）出版。二〇〇六年初藤塚鄰長子藤塚明直（一九一二—二〇〇六）將金正喜相關資料全部捐贈給韓國政府，金正喜晚年居住的果川市果川文化院接受了捐贈資料，並且舉辦了三次藤塚鄰捐贈秋史資料展覽，以及其他各種金正喜主題資料展。二〇〇九年果川研究院又將藤塚鄰著作譯爲《金正喜研究》出版，從而金正喜和清朝學者的交流研究得以廣泛傳播。關於金正喜的學術交流研究，藤塚鄰的貢獻是巨大的。他的著作和捐贈資料，也成爲研究金正喜必須依靠的寶貴資料。二〇二〇年凤凰出版社出版中文譯本《清代文化東傳研究》。

還和很多清朝文人如劉喜海、陳南淑、吳嵩梁、李璋煜等名士結交。他因其長兄金正喜緣故，其實很早就已經認識了很多清朝文人，並與他們有尺牘交流。清代金石學家劉喜海編撰的《海東金石苑》序中就寫道，金命喜寄贈朝鮮金石拓本對他幫助很大。因金命喜沒有留下燕行録和文集，學界對金命喜的關注和研究一直甚少。後來筆者發現清人致金命喜的尺牘集抄本《尺牘藏弆集》，從而金命喜與清朝文人的交流得以證實，又發現了《山泉詩》一卷，其中收録了與清朝文人的唱酬詩。據此我曾撰寫《金命喜與清朝文士的尺牘交流——以〈尺牘藏弆集〉爲中心》在韓國發表，首次公佈了金命喜相關資料與研究。

《清朝名家書牘》有一通曹江致金命喜和金善臣同覽的尺牘，是金命喜在北京逗留期間的一八二三年所寫。另外還有三通致金命喜的尺牘，都是在他歸國之後所寫。其中一通尺牘中寫道：「此行中申翠微參判丈人行也，而顧下交，李周經亦同此周旋，新雨良快，故交之觸于懷者，不能已已也。」申翠微參判是指一八二六年以冬至副使出使中國的申在植（號翠微），周經是隨同申在植一同出使的李鳳寧（號周經）。由此可知曹江與金命喜離別三四年之後仍有尺牘往來，而後來的朝鮮使臣也積極想與曹江結交，曹江不斷地結識新的朝鮮文人，從而兩國文人交流延續不絶。

金善臣，字季良，號清山，金善民弟。曾於一八一一年以日本通信正使金履喬的書記身份出使日本，一八二二年隨朝鮮冬至正使金魯敬出使中國，與金魯敬次子金命喜是好友。現存詩集《清山遺稿》，其中收録燕行途中與金魯敬父子及同行使臣之間的唱和詩。《清朝名家書牘》有一通金命喜與金善臣同覽的尺牘是一八二三年金善臣和金命喜歸國之前曹江寫的。還有一通致金善臣尺牘，是金善臣歸國之後曹江寫的。信中言收到金善臣寄來的書信和金善民行狀，並撰寫墓志銘寄去，「讀來書及穆如行狀，令人惘惘。委作志銘石，不敢辭，如直中依狀爲之，即屬同直人書以寄奉足下」，並且希望墓志銘「刻石後，將拓本多寄十數來，以便表揚」。可見兩人因金善臣與金善民的關係，交往更加緊密。

此外，金命喜和金善臣在北京期間，除了曹江，還結識了很多清朝學者，如汪喜孫、劉喜海、葉志詵、吳崇梁、周達、陳用光、劉栻、張深等人，韓國奎章閣藏《尺牘藏弆集》就收録了包括這些人在內的清朝文士十四人致金命喜尺牘二十八通，高麗大學藏《中士尺牘》中有汪喜孫、王筠、周達等清朝文人致金善臣尺牘四通。而曹江、汪喜孫、葉志詵、周達等人與金魯敬、金正喜父子早有交往和尺牘往來，在寫給金命喜的信中也常常提起其父兄。金命喜延續父兄舊誼，金善臣延續兄長友誼，他們通過清朝的舊友又結識新交。這種由親人、朋友相連的交往是中韓學者交流的特點之一，從而兩國文人的友誼延續不絕又不斷擴大。

## 三

《中士尺牘》是收録陳用光、汪喜孫、王筠、周達、羅岐等一批清朝文士致朝鮮文人金善臣、洪良厚、李鳳寧等人信札的尺牘帖，現藏於韓國高麗大學圖書館華山文庫。共一册，原帖尺寸 34.4×21.8 厘米，封面用綢緞裝幀，貼有題簽「中士尺牘」，内封面也貼篆書體題簽「中士尺壹怡堂收藏」。《中士尺牘》共收録十三通尺牘，分别爲陳用光一通；汪喜孫致金善臣（號清山）、洪良厚（號三斯）、李鳳寧（號周經）各二通；王筠致金善臣和李鳳寧各一通；周達致金善臣一通；羅岐尺牘一通，收信人未知；許肇忠致柳最鎮（號學山）一通；王筠致金善臣尺牘一通，但祇有封皮。

《中士尺牘》第一通尺牘没有收信人抬頭，開頭便是「致尹客舟一札，又贈山泉石銚箋一包，祈各爲轉致」，最後落款「用光頓首」。從這通尺牘的形式和内容來看，很明顯是前文闕失，可能在裁剪裝幀時不慎丢失，或已散佚。從這一頁殘存的尺牘内容來看，應該是陳用光寫給當時正在北京出使的朝鮮使臣的。陳用光（一七六八—一八三五），字碩士，一字實思。師從姚鼐、翁方綱，嘉慶六年（一八〇一）進士，授編修，官至禮部左侍郎，提督福建、浙江學政。爲道光皇帝所器重，曾被欽命爲「文魁」。工古文，有《太乙舟文集》《詩集》及《衲被録》等。陳用光任禮部侍郎期間，與出使中國的朝鮮使臣多有接觸。信中提及的「山泉」即金命喜，「酉堂」即金魯敬，「痦軒」是金啓温，他們都是一八二二年出使清朝的朝鮮冬至使團成員。金魯敬是一八二二年朝鮮冬至兼謝恩正使，金命喜是金魯敬次子，以子弟軍官身份跟隨其父出使中國，金啓温是一八二二年朝鮮冬至兼謝恩副使。

金魯敬是金正喜、金命喜的生父，字可一，號酉堂，朝鮮後期文臣，官至敦寧府事。他曾兩次出使中國，第一次是一八〇九年以冬至兼謝恩副使身份出使，當時其長子金正喜以子弟軍官身份隨行；第二次是一八二二年冬至兼謝恩正使，次子金命喜隨行。他通過兩次出使，也結交了衆多清朝文人，如翁方綱、吴嵩梁、葉志詵、汪喜孫、劉喜海、劉栻、周達、陳用光等。金魯敬没有留下燕行録和文集，但清朝文人致金正喜和金命喜兄弟的信中時常會問候其父金魯敬，而且奎章閣有一通尺牘《金魯敬手札》是他寫給清朝文人周達的親筆書信。從這些尺牘資料中我們可以探知金魯敬與清朝文人的交流情況。

陳用光書信内容主要是拜托收信人向幾位他所交往的朝鮮友人轉達問候，並轉致信件和禮物。從信末「望于西堂、鴛梓、痦軒、大山諸君各爲致，不得再筆談而增馳想之意」「山谷兩石刻，望交來手，以便墨拓」等内容來看，收信人當時就在北京，並且與陳用光曾相見筆談交流過，很有可能正是一八二二年金魯敬帶領的朝鮮冬至使團成員。可能朝鮮使臣歸期將至，不得再相見，因此有些遺憾與不舍。那麽這通尺牘應該是在一八二三年的正月或二月間所寫。無論如何，通過這通尺牘我們可以知道陳用光與諸多朝鮮使臣有交往的事實。

《中士尺牘》中汪喜孫尺牘六通，王筠尺牘兩通，是分别寫給金善臣、洪良厚、李鳳寧等朝鮮文人的。金善臣前文已經介紹，他一八二二年跟隨朝鮮冬至正使金魯敬來到中國，與曹江、汪喜孫、王筠等清朝文士結交。洪良厚和李鳳寧都是一八二六年跟隨朝鮮冬至副使申在植來到中國的，他們與諸多清朝文人交流。這裏特别介紹一下洪良厚。

洪良厚（一八〇〇—一八七九），字一能，號三斯、寬居，洪大容孫，洪薳子。曾任宜寧縣監、天安郡守，退隱故鄉終老。一八二六年跟隨舅父冬至副使申在植（號翠微）出使清朝。此行他本欲續祖父洪大容與杭州三學士之交誼，尋訪嚴誠、潘庭筠、陸飛後嗣，卻無果而歸。但在北京結識了汪喜孫、李伯衡、李璋煜、王筠、張深、張詩舲、葉志詵、劉喜海等衆多清朝文士，歸國後一直保持尺牘往來。在京期間，李伯衡給他介紹了許乃賡。許乃賡是杭州人，他知曉洪大容的「乾净故事」。但洪良厚没能見到許乃賡就回國了，於是就寫了一封信留給杭州三學士後人，委托許乃賡代爲轉達。多年以後，他收到了許乃賡轉寄的潘庭筠之孫潘恭壽的一通尺牘和一份硃卷。潘恭壽信中寫道，他在一八三一年冬應禮部試北上，遇到許乃賡，看到洪良厚與許乃賡的往來尺牘，並得知洪良厚曾經來北京尋訪杭州學士後人及留下尺牘的事情，而洪良厚的那通尺牘許乃賡寄給了嚴誠的後人，卻没有得到回音。潘恭壽雖没能拜誦留函，但被洪良厚的深情感動，便寫了這封回信，附上自己的硃卷一本，欲續祖父舊誼。潘恭壽的這通尺牘抄録於《燕杭詩牘》。洪良厚整理抄録洪大容韓文燕行録《乙丙燕行録》時，將自己曾留的尺牘和潘恭壽的回信翻譯成韓文附在了書後。由此我們看到，洪大容與杭州三學士訂交一甲子之後，其後代子孫又續良緣，展現中韓兩國文人跨越時空的天涯知己之交。

汪喜孫（一七八六—一八四七），字孟慈，號荀叔，清代著名藏書家，通文字、音韵、訓詁之學，著書頗豐，主要有《經師言行録》《從政録》《國朝名臣言行録》《容甫先生年譜》《汪荀叔自撰年譜》等等，他是乾嘉時期名儒汪中（一七四四—一七九四）之子。汪喜孫與諸多朝鮮文人有交流，如金魯敬、金正喜、金命喜、申在植、金善臣、洪良厚、李鳳寧、李尚迪、朴思浩等，與朝鮮文人交流的筆談、尺牘、詩文等資料散見於韓國文獻之中。

王筠（一七八四—一八五四），字貫山，號箓友，清代語言學家、文字學家。道光元年（一八二一）考中舉人，道光二十四年（一八四四）授山西省鄉寧知縣。王筠自著書五十多種，勘訂他人書六十餘部，計數百卷，可謂著作等身。精心研究許慎所著《説文解字》，研究段玉裁、桂馥的《説文》著作，著《説文釋例》《文字蒙求》《説文句讀》《説文韵譜校》《説文屬》等等，還有《周易詳解》《鄂宰四稿》《儀禮讀》《儀禮鄭注句讀刊誤》《周禮讀》《禮記讀》《四書説略》等著作。

汪喜孫與王筠寫給朝鮮文人的尺牘都是關於漢學和宋學、治學之道等學術問題的討論，體現出兩人的學術思想和學者風範。朝鮮士人推崇朱子學，反對陽明學和以訓詁考證爲主的漢學，金善臣就是其中之一。汪喜孫致金善臣的尺牘以回信的形式，在長達一千多言的信中引經據典，列舉黄宗羲、王夫之、顧炎武、應撝謙、威世儀、戴震等諸多清代儒學大家關於理學的言論，闡述不能空談心性，訓詁用以明理義，理義存於典章制度的觀點。汪喜孫寫給洪良厚的信中直接表明他推崇董仲舒的立場，以及經世致用的主張——

鄙人推重仲舒之意，可知鄙人所學在此。仲舒深于《公羊春秋》，天道、王道莫備於此。再覽他經，益廣所聞，以擴其識。即此可以用世，可以明道。

汪喜孫寫給李鳳寧的信中更是直言自己並非「偏主漢儒」，而是漢儒可以爲「我輩之鑑」和「我輩之法」——

> 僕非偏主漢儒，伏以兩漢史册所載諸儒，阿諛取容者可以爲我輩之鑑，經明行修者可以爲我輩之法。四海論交，千里取友，雖异域尚同一體。何况仲舒、康成，久經祀孔廟者，朱子亦甚尊崇之。今乃尊崇朱子，于朱子所尊崇者詆毁之，朱子若在左右，其許之乎？

王筠致金善臣的信中説到從李璋煜（號月汀）處得見金善臣的往復簡牘之後非常仰慕，又聞金善臣不喜漢學，所以冒昧寫信闡述自己的觀點與之探討。王筠引經據典，洋洋灑灑寫了一千七百多字，主張學者「不宜存門户之見」，認爲「宋儒未嘗厚詆漢儒，朱子且称康成爲好人」，「宋儒未嘗廢漢儒也」。又極力推崇漢代經學大家鄭玄，言：「使漢無康成，則今日或不得見六經」，「鄭之本末皆有可觀，無媿於宋儒。所注經於名物既詳，故宋儒據以談理，設無其書，宋儒必恨前無所承而蒐討之爲難」。最後他總結：「蓋漢儒詳於小學，宋儒詳於大學，合之則雙美，離之則兩傷」，「大抵膚末於漢學者必拘墟，膚末於宋學者必孤陋，而空談心性尤易流於禪定。故明末諸人往往先學釋，而後學儒，既儒而猶雜以釋，誠以宋學易爲空疏者所托宿也」。王筠寫給李鳳寧的信中也强調：「爲學之道，當先破門户之見。」他主張「惟漢注古雅，多有一語而窮形盡相与經相似者，宋則罕見」，「中國講漢學，非敢鄙夷宋學也，所以矯株守宋學者之弊也」。他又言膚末於漢學和宋學的現象是中國已有的弊病，而顧炎武出來倡導實學，是要改革這些弊病，因此「後之君子迭起而修明之」。

從上述汪喜孫和王筠的尺牘我們可以探知汪喜孫和王筠的經學觀和學術思想，他們主張漢、宋不分，且不能空談心性，對於排斥漢學的朝鮮文人不厭其煩地長篇大論漢、宋治學的特點和兩者不可分的觀點。當年的朝鮮冬至副使申在植整理的燕行記録《筆譚》記載了一八二七年汪喜孫、王筠、李伯衡、葉志詵等一批清朝文人與朝鮮使臣交流筆談的經過，與《中士尺牘》對讀互證，可以全面瞭解兩國文人的學術交流的内容和細節。

《中士尺牘》其餘手札主要是問候、送别、贈送禮物、書扇請求等内容。這裏收録的尺牘，從收信人的出使時期、内容及落款中明確的寫信時間等來看，最早的有陳用光、汪喜孫、王筠等一八二三年致金善臣的尺牘，還有汪喜孫、王筠一八二七年寫給洪良厚、李鳳寧的尺牘，因爲有落款「道光七年正月廿七日奉」「丁亥正月奉」「丁亥二月一日」等，即一八二七年，是洪良厚和李鳳寧逗留北京期間。

值得一提的是《中士尺牘》中有一通羅岐尺牘，開頭就是「樽拚别而塵冗蝟集，未得遂誠」，很明顯也是前文闕失，從内容來看是贈給即將回國的朝鮮使臣。而落款爲「癸丑小春廿五日愚弟羅岐拜启」，羅岐生平不詳，收信人也不知是誰，癸丑年很難確定，但根據《中士尺牘》收録的其他尺牘的收信人和寫信時期大都在道光年間來看，推測應該是一八五三年。

另外，《中士尺牘》最後一頁有一幅肖像畫，穿着朝鮮儒士冠服，畫上題「林芷堂二十九歲小照」。林芷堂不詳爲何人，是否爲《中士尺牘》的收藏家「怡堂」，亦有待考證。此人小照附在尺牘帖後，極有可能是曾經收藏《中士尺牘》的人。

《中士尺牘》收録一批清朝文人致朝鮮文人的尺牘，展現了兩國文人的文化交流。汪喜孫和王筠尺牘中談論漢學、宋學問題，反映出他們的學術主張和觀點，不僅爲清代文人的學術思想研究，更爲中韓學術交流研究提供了寶貴的資料。同時《中士尺牘》收録的清人尺牘是其他文獻所未載之新資料，因此具有重要的學術和文獻價值。

## 四

《中朝學士書翰録》收録十九世紀一批清朝文人致朝鮮文人金永爵及其兒子金弘集的書信，現藏於韓國高麗大學圖書館漢籍室華山文庫。原帖尺寸29.1×21.0厘米，共一册，封面封底用綢緞包裹，封面貼有題簽「中朝學士書翰録」，書名下有三行小注「邵亭、道園兩先生往復書，高宗二十九年壬辰」。「邵亭」是朝鮮文人金永爵的號，「道園」是金永爵子金弘集的號，「高宗二十九年壬辰」是一八九二年。這本尺牘集中有清朝文人趙光之子趙廷璜寫給金弘集的尺牘，落款日期是「大清光緒壬辰重陽前日」，即一八九二年九月，此年也是朝鮮高宗二十九年。

《中朝學士書翰録》中有清朝學士致金永爵尺牘十通，分别是程恭壽二通，翁學涵二通，張丙炎二通，李文源三通，陳翰與李衔共同署名尺牘一通，以及陳翰與李衔贈別詩四首。另外還有趙廷璜致金弘集尺牘一通和贈詩一首。這本尺牘集應該是在一八九二年之後由金弘集或其家人編撰裝幀，而書名應該是後世題寫的。

金永爵（一八〇二—一八六八），字德叟，號邵亭，朝鮮後期文臣，領議政金弘集之父。一八三八年以蔭補拜靖陵參奉，一八四三年文科登第，官至六曹參判、漢城府副左尹、司憲府大司憲、弘文館提學、開城府留守等職。咸豐八年（一八五八）以謝恩兼冬至副使身份出使清朝，在京期間結識了葉名澧、張丙炎、吴昆田、程恭壽、趙光、翁學涵、李文源、李衔、陳翰等一大批清朝文人，歸國後仍與他們保持尺牘往來。《中朝學士書翰録》致金永爵的十通尺牘中有九通是他歸國之後程恭壽、翁學涵、張丙炎、李文源寫的，衹有一通陳翰和李衔共同署名的尺牘是一八五九年春金永爵歸國之際所寫的贈別信，以及陳翰和李衔各自創作的贈別詩各兩首。關於金永爵和清朝文人交流的資料，有日本天理大學圖書館藏抄本《燕臺瓊瓜録》二卷，收録了與清朝文人的筆談、唱酬詩和序文、祭文等資料；還有清代文人帥方蔚編撰的《左海交流録》，收録了與金永爵的往來尺牘和唱和詩，以及筆談記録《朝鮮使者金永爵筆談記》。金永爵的詩文集《邵亭詩稿》和《邵亭文稿》中亦有與李伯衡、葉名澧、張丙炎、吴昆田等清朝文人的唱和詩，李伯衡和葉名澧的祭文，以及與李伯衡、程恭壽往來的尺牘。上述資料與《中朝學士書翰録》相互對讀互證，可以全面瞭解金永爵和清朝文人交流的豐富内容和真實細節。而《中朝學士書翰録》是清人尺牘原札，基本是金永爵歸國之後往來的尺牘，是上述資料中所没有記載的第一手珍貴資料。

《中朝學士書翰録》中有三通李文源尺牘，李文源是李伯衡長子，李文源與金永爵的交往，完全是因爲金永爵與李伯衡的交情。金永爵與李伯衡神交三十年，從未謀面，單憑尺牘往來，卻情深義重。李伯衡去世時，金永爵在朝鮮撰寫祭文千里相寄，而這篇祭文也送到了李文源手裏，並在李伯衡靈前展讀。李文源被金永爵的真情摯意感動，寫信表達感謝，希望金永爵念與先君的友情，常與他聯繫。

> 去夏蒙賜誄文，業經展讀於先君靈几之前，意摯情真。源等匍匐敬聆，悲感交集。行述現已授梓，俟刷就時，當即奉上。兹荷申琴泉先生俯念舊誼，駕臨蓬蓽弔慰，撫今追昔，益深風木之悲，并仰見琴翁文采風流，兩次攀

> 談，不勝欽佩。乘其回便，附寄蕪函，即祈鑒督。尚乞俯念先人舊好，賜以魚書，藉慰遠懷爲荷。

《中朝學士書翰録》中李文源這通尺牘的後半部又向金永爵介紹了他的家人——仲弟文濤，十五歲，恩蔭候選知縣；季弟文溥，十四歲，候選同知；幾個兒子夭折，還有一個九歲的四子。從李文源其他兩通書信内容來看，他收到了金永爵的回信，由此兩人尺牘往復，李文源也繼承了其父李伯衡與金永爵的交情。李文源尺牘中提到的「申琴泉先生」是金永爵的好友申錫愚（號琴泉、海藏，一八〇五—一八六五），申錫愚也因其叔父申在植曾以冬至副使出使清朝時與李伯衡結交的緣故，曾與李伯衡兩次通信，締結神交。因此他在一八六〇年以冬至正使身份出使清朝時，便去吊唁李伯衡，與李文源結緣。

金永爵與李伯衡相識是因其好友洪良厚。當年洪良厚跟隨申在植出使清朝時結識李伯衡，李伯衡索覽朝鮮文人詩文，金永爵詩文在其中，被李伯衡高度贊譽。洪良厚是洪大容之孫，與金永爵從小是鄰居，成爲摯友。金永爵很早就熟知洪大容、朴趾源、朴齊家等前輩們與清朝文人交流的盛況，一直很嚮往中國，渴望與清朝學士結交。一八二六年洪良厚燕行之際，金永爵撰寫送别詩《送洪三斯良厚赴燕》六首和《貨喻》一篇，以及《送洪三斯良厚入燕序》，希望洪良厚帶到中國，得到清朝文人的賞識和指教。

> 自視欿然，藏弆篋衍，未嘗示人。忽自語有詩不就正，猶靳疾而揮醫，終無霍然已之日。另搆《貨諭》一篇，攙入芻燕，委贄於海内學士大夫。固知妍媸莫逃於燭鑑，錙銖難於懸衡，非敢爲借譽左右之圖，將以聞疵纇之病，而乞對症之劑也。海内學士大夫採納瑕穢，甄别品第，喻禪乘之津筏，指藝苑之潭奥，使得以頓開鈍根，振發慧機，改轅易向，直追正始之音。則異日成立，皆三斯與海内學士大夫之賜也。三斯爲我持此語，扣問海内學士大夫，而歸誦傳海内學士大夫之緒言，兼及山川風俗道路闤市之可以供歡娱而暢憂鬱者，僕跬步不出户，而況如身涉其境，接容儀於海内學士大夫，夙昔之願，庶遂其萬一。僕以是日夜跂望於三斯，因記贈其行，而跋涉之勞、别離之苦，丈夫所不道，故不及焉。

在《送洪三斯良厚入燕序》中金永爵表達了希望詩文得到中國學士大夫的批評指正，得益進步的願望。因此他專門撰寫《貨喻》一篇，「委贄於海内學士大夫」，希望「三斯爲我持此語，扣問海内學士大夫，而歸誦傳海内學士大夫之緒言」，希望得到中國學者的評語。洪良厚在清朝新年賀班上認識李伯衡，拿出了朝鮮友人的詩文，李伯衡特别欣賞金永爵的詩文，「許以傑士，目以寶貨」，還專門作和詩七律三首以贈，「又重之以登諸詩話，播之海内」，要將金永爵的詩文傳揚於中國。這三首詩載於金永爵的詩集《邵亭詩稿》，即《附河間李雨帆編修伯衡遥和七律三章》，引録其中一首如左：

冷貨誰云滯不行，一時聲價抵連城。頻教貧士萌貪念，翻怪高人有市情。海若奇觀驚在望，波斯異寶侈難名。品題莫向旗亭問，我比雙鬟俊眼明。

金永爵從回國的洪良厚處得知這些消息，他看到李伯衡的贈詩，非常感動。金永爵立即給李伯衡寫信表達了感謝，同時希望與李伯衡真誠相交。於是又撰寫了《論文》《論交》兩篇文章寄給李伯衡，也希望李伯衡寄贈他的著作文章。金永爵的這封書信載於《邵亭文稿》，從題目「與李雨帆伯衡書丁亥」和内容可知是一八二七年所寫，引部分内容如左：

僕聞士以自衒爲不高，僕少讀聖賢之書，汙不至於是，而冒鬻技之誚，犯沽譽之嫌，取譬交易，作《貨喻》一篇。其詞亢，其志鄙者，聊以假托諷諭，洩豪爽欝悒之氣，不期其售與不售也。豈意先生一覽而許以傑士，目以寶貨，和七律三章以當奉價。縱先生江海之量，務從提獎，不欲譴訶，以僕視僕，安得無靦然内媿乎。如又重之以登諸詩話，播之海内，是揚僕之過而貽羞於敝邦也，望先生亟止之……秖是慕古慕華，寤寐頻結於中，因緣幸會，得遂所圖，豈惟先生之不棄，亦僕之所遇有時焉耳。然朋友之際，貴相交勉，繼自今毋作浮詞漲墨而溢美之，須存切切偲偲之義，如何？先生草制之餘，著述必富，勿慳寄示……妄搆《論文》《論交》二篇，草率走筆，瑕疵滿眼。先生但領其意，不責文詞之工焉。先生愛我重我，屢著於與三斯往復筆札中，僕安敢自疏於先生，不思所以報答辱眷也。兹奉咫尺之書，用探起居，未諗旅邸歲暮體節以時珍嗇，江雲渭樹，臨風溯懷，肅此佈候文祺，統希照亮，不宣。

金永爵的這封書信由當年出使清朝的朝鮮使臣轉交給李伯衡之後，收到了李伯衡的回信，於是他又寫了第二封信寄給李伯衡。從此兩人便結下文字之交，幾乎年年通過往來中國的朝鮮使臣持續不斷地尺牘往來。《邵亭文稿》中收録金永爵在一八二七年至一八三〇年每年寫給李伯衡的書信四通，《邵亭詩稿》中也有《次李雨帆編修伯衡贈三斯詩韻即寄（戊子）》古詩一首。一八二九年李伯衡官河南，寄信給金永爵介紹其門生帥方蔚，説以後通信可由帥方蔚轉寄。

由此金永爵便與帥方蔚結交，並多年尺牘往來，但在一八三四年帥方蔚出都之後，便斷了音信。後來到一八四四年由燕行回國的朝鮮使臣卞亨植口中得知李伯衡回京，便再次寄信給李伯衡，果然收到回信，此時李伯衡已任大理寺少卿，從此兩人又賡續舊緣。金永爵得知李伯衡將自己的詩文做帖，帖後有李伯衡的跋文，還有中朝名士的或詩或跋幾篇，非常感動，於是也將李伯衡、帥方蔚寄來的詩札纂次裝潢，釐爲二帖，紀念縞紵之好，作爲傳家之寶。可惜這二帖尺牘集已佚，但記録其來龍去脈的《石帆赤牘跋》載於《邵亭文稿》，使我們還能清楚地知道他們之間的交往。

當一八五八年金永爵作爲朝鮮冬至副使終於出使清朝，想要拜見神交三十多年的李伯衡時，不巧李伯衡再次出京，終未能相見。金永爵抱憾回國後很快就得知了李伯衡去世的消息，他悲痛欲絶，撰寫祭文表達哀痛之情。金永爵在祭文中感歎兩人神交一世，轉對萬里，卻最終也未能見面，如今天人永别，他日黄泉之下相遇，如何省識，又「願來生與公比鄰到老，徵逐形影」。此篇祭文寄到李伯衡家裏，感動了很多清朝文人。李文源被金永爵的真情摯意打動，將祭文展讀於李伯衡靈前，匍匐敬聆，悲感交集。程恭壽也説：「拜讀大著祭李、葉二公文，沉摯悲痛，令讀未竟而淚下。」金永爵與李文源繼續尺牘往返，他與李伯衡三十年的友情並没有因生離死别而終結，而是又延續到了李伯衡的子孫一代。這也成爲中韓文人交流史上的佳話，實屬難能可貴的現象。

上一代的友情延續到下一代的這種情況，又體現在金永爵之子金弘集身上。《中朝學士書翰録》有一通趙廷璜致金弘集的尺牘，趙廷璜是趙光之子。趙光（號蓉舫，一七九七—一八六五）是金永爵燕行時在北京認識的清朝文臣，嘉慶二十五年進士，歷任工部、兵部、户部、吏部尚書，謚號文恪。金永爵與趙光在新正朝賀時相遇，當時趙光是刑部尚書，金永爵是朝鮮冬至副使。此後金永爵將自己的詩文贈給趙光請教，又曾到趙光府邸拜訪，趙光爲金永爵在朝鮮漢江邊建造的水木清華樓題詩。《邵亭詩稿》載兩人唱和詩《奉和趙蓉舫尚書光席上見惠之作次韵》《附趙蓉舫尚書原作》。《中朝學士書翰録》中趙廷璜的書信是一八九二年重陽節前日（九月八日）撰寫的，此時金永爵和趙光都已去世二十多年，而從趙廷璜尺牘中可知是金弘集先寫信給他並寄去金永爵文集的。趙廷璜尺牘全文引録如左：

道園樞密大人執事：貴國使來京，奉到惠寄尊甫侍郎公詩集，並大箸墓表，藉悉執事秉鈞贊化，勛望崇隆，於綜理幾要之餘，誦述先芬，軫裹故舊，不遺在遠，風義獨高。口誦心維，莫名欽跂。曩在咸豐中，侍郎公使節入燕，與先文恪訂文字之好。其時廷璜方在襁褓，不數年而銜恤興悲，零丁搘拄，勉自存立，猥承餘蔭，觀政秋曹。撿視楹書，中有侍郎公贈詩二律、手札數通，當即付裝爲卷，而深以先文恪報章久佚，戚戚於心。今侍郎公集中幸獲附載，得以鈔補先集，百朋之錫，何以喻之。自媿庸愚，未嫻吟詠，而俯仰今昔，抒循陔之哀慕，景投紵之前徽，亦有不能已於言者，謹賦七絶四章，另箋呈教。倘得附侍郎公集後，藉傳姓名，感且不朽矣。兹於貴國使之歸也，附上先文恪年譜遺集，並敝族人《居易軒遺稿》《向湖村舍詩集》，仰祈鑒正，時惠教言焉。肅修蕪啓，祗攲鈞祺。臨池溯洄，伏維鑑照。昆明趙廷璜頓首。

從右引尺牘内容可知，趙廷璜從來到北京的朝鮮使臣處收到金弘集書信和金永爵詩集、墓表等。一八九一年金弘集將金永爵的詩文整理出版，因其中有與趙光的交流詩文，便托出使清朝的朝鮮使節寄給了趙廷璜一部。趙廷璜也在整理父親遺稿時發現了金永爵贈趙光的詩和手札，當即付裝，但總遺憾没有父親贈給金永爵的詩文。如今從金永爵詩文集中獲得了趙光的詩文，得以鈔補趙光文集，完整地瞭解先輩之間的交誼，俯仰今昔，感慨萬分。於是又賦七絶四章另紙附上，並説明：「金道園議政寄其先侍郎墓表，並邵亭詩集，中有己未歲与先文恪贈答之篇，感書於後，郵乞議政教之。」他也將趙光的年譜和族人的詩文集贈給金弘集，希望金弘集時常寫信聯繫，由此表示繼續先輩交誼之意。可惜金弘集在此後不久的一八九六年去世，未能長久地與趙廷璜交流，但從《中朝學士書翰録》的趙廷璜尺牘中我們可以知道，金永爵和趙光的跨國友情已經延續到了下一代，這通尺牘便是最好的見證。

《中朝學士書翰録》中有程恭壽二通尺牘，都是在金永爵回國之後的一八六〇年所寫，主要内容是問候和表達思念，轉告與金永爵有交往的吴昆田、張丙炎、楊傳第、陳翰、李文源、趙光、翁學涵、喬松年、吴受藻等人的消息，述説自己的近況，並且贈送一些筆墨紙硯、龍井茶等禮物。其中一通尺牘寫道：

己未三月五日，奉甯遠衛手示短幅，作答交廣盛于姓寄上。十一月十四日，又接來書，旋交廣盛焦姓寄去復函，并蓉舫、蕙舫兩信，「春樹奇緣」小印一方，均塵青鑒否。至遼陽寄章，經年未見，想已浮沉，王明府竟作洪喬故事矣。鼛鼓頻催，使者適館，而人海隱居，未見先生一字。引頸東望，目極雲天。上元前始拜奉寄書，未及開緘，狂喜欲脱，再三披誦，垂念眷眷之情，溢於楮表，千里之隔，一心相同，有如此矣！每誦吾兄「四海茫茫知己少」之句，竊歎我兩人何聚少而離多耶。

從引文中可知程恭壽與金永爵有過多次尺牘往復，而程恭壽寄去的信件有些在途中丟失。程恭壽收到金永爵的尺牘非常高興，再三誦讀，感受金永爵的深情，「垂念眷眷之情，溢於楮表，千里之隔，一心相同」，又感歎他們聚少離多不能相見的苦楚。他又爲金永爵的夫人六十壽辰賦詩祝賀，曰：「夏五爲兄嫂夫人六十壽辰，弟不克奉觴介祉，謹賦拙詩三章、書屏四幅，以侑壽卮，並請削政。」金永爵也在程恭壽六十壽辰時作詩《壽容伯六十》表達祝賀之情。由此可見金永爵與程恭壽的友情親密深厚。

金永爵與清朝文人交流的一八五九年至一八六四年間，正是清朝處於太平天國之亂和西方列强入侵等内憂外患之際。《中朝學士書翰録》中程恭壽和翁學涵的尺牘，反映了當時動蕩不安的局勢和因戰亂而流離失所、日夜擔憂的百姓生活。引録相關内容如左：

所委交二信，稼軒回清江，今春正二月之交，清江失守，不知其遷流何所矣。（程恭壽）

前寄鶴儕書扇詩韻，均寄去。自清江道梗，音信艱滯，至今無復書。杭州失守，雖即收復，而弟家殉難三人。吴擷蘅聞奉母而逃，全家無恙，然今年益無來信。此數日來又不暇慮及桑梓之變，將有眉睫之戚。弟雖無官守，而跬步不可離，以一出國門毫無插脚處也。日夕爲范文子求作葉潤臣不可得。每顧小兒女小孫，爲之泫然出涕。此輩何辜，何不遲數年出世耶？弟心情如此，問之枕泉可以盡知。（程恭壽）

涵自遭厄後，贖鍰歸田，甫三月而賊陷姚江，其間險阻艱難，備嘗之矣。（翁學涵）

今天下干戈擾攘，生民塗炭，居顯要者但以逢迎爲事，不顧大局。（翁學涵）

從右引程恭壽尺牘中可以看到，因清江失守，他們的友人吴昆田（號稼軒）不知流落何處，所交托的信件無法轉達。因清江道梗，與喬松年（號鶴儕）也是音信難通。而因杭州失守，程恭壽的家人有三人殉難，而他卻不能離開都城，因爲北京附近也不安全，無處插足，他還要爲兒女們的安危擔憂，苦不堪言。翁學涵更是直接批評爲政者不顧百姓生民塗炭，不顧大局，不作爲。從這些尺牘資料中我們可以瞭解，太平天國戰爭中士人無法安居的混亂情景，反映了當時真實的歷史面貌，具有珍貴的史料價值。

## 五

《覃溪手札帖》是翁方綱致朝鮮文人金正喜的手札帖，現收藏於韓國奎章閣韓國學研究院。手札帖大小34.5×22.5厘米，共一册，收録楹帖一副，翁方綱尺牘一通，金石拓本兩幅。翁方綱（一七三三—一八一八），號覃溪，清代著名文學家、金石學家、考據學家、書法家，官至内閣學士，他博學多識，爲乾嘉時期文壇領袖。金正喜（一七八六—一八五六），號秋史，朝鮮著名的思想家、金石學家、書法家。嘉慶十四年（一八〇九）二十四歲剛剛進士及第的金正喜跟隨作爲朝鮮冬至兼謝恩使副使的生父金魯敬出使中國，在北京遊歷期間與翁方綱、阮元結爲忘年之交，結下師徒之誼。一八一〇年初金正喜拜訪了翁方綱，觀賞了翁方綱收藏的諸多古玩真跡，尤其看到了翁方綱珍藏的《東坡笠屐像》和蘇東坡真跡《天際烏雲帖》，以及《宋槧施注東坡先生詩殘本》，知道了翁方綱非常崇拜蘇東坡，每年十二月十九日蘇軾生日時會燒香祭奠，書房因此亦稱爲「蘇齋」。金正喜受到翁方綱的款待和重視，也領教了金石文字和書法、學術等方面的教導。金正喜又拜見阮元，阮元以稀世名茶「龍團勝雪」盛情款待金正喜，兩人一見如故，結爲師友，一同觀賞了《華山廟碑》和《唐貞觀造像銅碑》。金正喜在與翁方綱、阮元的交往中學習研究金石文字，飽覽他們編撰或收藏的文獻典籍，眼界大開。這次燕行對金正喜影響極大，令他印象深刻，終身難忘，他回國後自號覃研齋、阮堂，都是爲了紀念翁方綱和阮元兩位大師，詩文集《覃研齋詩稿》《阮堂集》，書名也是紀念翁方綱和阮元的。

金正喜回國之後繼續與翁、阮保持尺牘交流，並且與他們的子弟門生也建立聯繫，清朝的學術思想從而傳播到了朝鮮，對朝鮮的學術發展産生很大影響。翁方綱和阮元的治學理念對金正喜影響極深，金正喜將清代考據學傳入朝鮮，在經學、金石學、書畫、文學等方面成就斐然，成爲朝鮮後期最具代表性的學者。翁方綱曾高度稱贊金正喜爲「海東英物」，其「經術文章，海東第一」。金正喜的書法受蘇東坡及翁方綱、阮元影響，又模仿漢魏時期隸書體，蒼勁有力，古拙淳樸，獨具魅力，被稱爲「秋史體」。金正喜的文人畫也獨具風格，《歲寒圖》是他的代表作，這幅畫是因政治鬥争貶謫濟州島時期創作並贈送給其弟子李尚迪以稱頌他的忠貞和高尚品格的，當然也表現了金正喜的清正高雅的思想。一八四五年李尚迪將這幅畫帶到中國，在清朝友人吴贊官邸與十七位清朝學士雅集共賞，當時在場者大爲贊歎，競相題詠。如今《歲寒圖》後有吴贊、張曜孫、張穆、章嶽鎮、趙振祚、潘遵祁、潘希甫、潘曾瑋、馮桂芬、汪藻、陳慶鏞、曹楙堅、姚福增、吴淳韶、周翼墀、莊受祺、吴儁、秦緗業、黄秩林等十九位清朝文士的親筆題贊，形成長長的卷軸，已被指定爲韓國國寶。金正喜還對朝鮮金石考據學的發展有重要的貢獻，著有一部金石著作《禮堂金石過眼録》。

《覃溪手札帖》封面貼有書名「覃溪手札帖怡堂收藏」。帖内首頁先是一副楹帖：「覈實在書，窮理在心，攷古證今，山海崇深。」正是當年翁方綱書贈金正喜的箴言：「考古證今，山海崇深。覈實在書，窮理在心。一源勿貳，要津可尋。貫徹萬卷，守此規箴。」

楹帖之後便是翁方綱的書信。封皮寫「蘇齋寄第二封，台印秋史金進士尊兄手啓」，信末落款「丙子正月廿五日，方綱頓首」，還蓋了「蘇齋」印章。由此可知這封信是翁方綱在一八一六年正月二十五日所寫，應該是交給當年出使中國的朝鮮冬至使帶回國轉至金正喜的。這是蘇齋第二封，信中又言「昨年奉覆，未罄鄙懷」，可知翁方綱曾在一八一五年寄過第一封信。現在韓國發現三通翁方綱手札，第一封寫於一八一五年十月十一日和十四日兩通合寄，第二封寫於一八一六年一月二十五日，第三封寫於一八一七年十月二十七日，當時翁方綱已八十五歲高齡。這些信札分散藏於韓國奎章閣韓國學研究院、首爾大學圖書館、鮮文大學博物館等藏書機構，第一封書信亦載於翁方綱文集《復初齋文集》中，第二封原由日本學者藤塚鄰收藏，但原札在二戰戰火中散佚，幸有其影印件藏於韓國奎章閣。

翁方綱三通尺牘都是對金正喜的答書，主要談論的是關於經學、訓詁考據學及清代學者的學術傾向，從這些尺牘中可以瞭解翁方綱的學術思想及他對金正喜學術的影響。奎章閣藏《覃溪手札帖》中這封長達兩千言的信中，翁方綱主要介紹了清代學壇的主流研究傾向，並闡述他「漢、宋不分」的觀點。他認爲漢學是考訂之學，宋學是義理之學，兩者對於道其實是殊途同歸。而且義理之學不能忽視訓詁，而訓詁要出自古所師承者，不可用後人習用之文義以概之。因爲「古人師承，自有來歷」，最後他提出漢、宋不分論。現將這部分尺牘內容引録如左：

遠道不盡曲陳，則惟撮其最要者一言蔽之，此事惟在精專而已。有義理之學，有考訂之學。考訂之學，漢學也；理義之學，宋學也。其實適於大路，則一而已矣。千萬世仰瞻孔孟心傳，自必恪守程朱爲指南之定程。士人束髮受讀，習程朱大儒之論，及其後博涉群籍，見聞日廣，遂有薄視宋儒者，甚且有倍畔程朱者，士林之蠹弊也。然而義理至宋儒日益精密矣。而宋時諸儒自恃見理之明，往往或藐視古之訓詁，即如《尔疋》《説文》，實經訓所必資，豈可忽略？且如《詩經》内訓釋出自古所師承者，豈可據後人習用之文義，以政古訓乎？古人師承，自有來歷，不可用後人習見之文義以概之……所以先要奉勸精專爲要務。古文不可空支韓、歐架局，今日文教昌明大備之際，考證爲最要。考證即義理之學，不分二事，切勿空談。好學深思如我大兄，乃足以語此耳。

翁方綱主張「考證即義理之學」，漢、宋不分，且不要空談，以「考證爲最要」，「精專爲要務」。

翁方綱的主張被金正喜接受，金正喜根據翁方綱手札中教導的內容，以及阮元的《擬國史儒林傳序》，在一八一六年十月撰寫《實事求是説》，提出了爲學之道「專主實事求是」的觀點，事實上是用自己的方式綜合整理了翁方綱的漢、宋不分論及阮元的考據學觀點，將當時清朝主流學術思想傳播到朝鮮。

爲學之道，但平心精氣，博學篤行，專主實事求是一語，行之可矣。若不實以事，而但以空疎之術爲便；不求其是，而但以先人之言爲主。其於聖賢之道，未有不背而馳者矣。漢儒於經傳訓詁，皆有師承，備極精實，至於性道仁義等事，因爾時人人皆知無庸深論，故不多加推明，然偶有注釋，未嘗不實事求是也……故爲學之道，不必分漢、宋之界，不必較鄭、王、程、朱之短長，不必争朱、陸、薛、王之門户。

金正喜在《實事求是説》中提出了自己的觀點，他將「考證」作爲「實事求是」，提出「不必分漢、宋之界」，與翁方綱的觀點實則有很多相似之處。後來他給清朝學者李璋煜的書信中對翁方綱的考據學給予了肯定，他説：「今日急務，祇是存古爲上。覃翁亦存古之學也，段劉亦存古之學也，覃翁存古而不泥於古，段劉存古而泥於古。」（《與李月汀》）可見金正喜對清代考據學的接受，以及對翁方綱的認可和推崇。

《覃溪手札帖》在翁方綱手札之後，又有兩幅建初尺拓本，建初尺爲東漢王莽建元初期製造的銅尺。但兩幅建初尺長寬不同，應該不是同一時期製造的。翁方綱手札中提到：「即如今日偶見漢建初銅尺，用以審定古器款識則可矣。江南沈彤竟欲執此尺以斷定周時分田制禄之成算，竟若身到周庭，目覩其時事者，此必不能之事也。」因此在手札後附上了所得建初尺拓本。拓本上有翁方綱的款識，兩幅字體不相同。第一幅「建初尺」大字下方三行小字注：「漢建初銅尺，爲江都閔義行所藏，後歸孔東塘尚任，今在衍聖公府中，與周尺、《漢志》鎦歆銅尺、後漢建武尺、晋前尺並同，當宋三司布帛尺七寸五分。礼堂艁于銅尺詩屋。」這段文字中翁方綱考述建初尺經過的收藏家，以及它的尺寸相當於宋代由三司颁发的布帛尺的多少，顯示了翁方綱金石考據學特點的學術傾向。第二幅拓本在「建初尺」大字下方寫了二首七絶，其一曰：「鄭君禮注費人猜，未得周遺矩樣來。今日手量銅式出，班劉竹引爲重開。」同樣顯示出翁方綱的博學和考據學特點。翁方綱在金石考據學方面對金正喜的指導，對金正喜影響很大，他收集研究了大量朝鮮金石碑文，著有一部金石著作《禮堂金石過眼録》。

關於金正喜與清朝學壇的學術交流，二十世紀初日本漢學家藤塚鄰的著作《清代文化東傳研究》中已有詳細探究，此處不再贅述。《覃溪手札帖》與金正喜的其他相關資料相互結合研究，我們可以瞭解更多金正喜與中國的交流。

奎章閣的《覃溪手札帖》可以讓我們瞭解翁方綱的經學觀，確認翁方綱和金正喜的學術交流，是金正喜的學術思想受翁方綱及清朝學術影響的重要依據。《覃溪手札帖》是中韓兩國學術思想及學術交流研究中的重要文獻。

## 六

《同文神交》是收録十八世紀一批清人致朝鮮文人洪良浩、徐浩修信件的尺牘帖，現收藏於韓國國立中央圖書館。《同文神交》分爲兩册，尺寸爲36.8×22.5厘米，上册封面是朝鮮韓紙，下册封面是用綢緞裝幀的。上、下兩册封面都貼有相同的書名題簽，書名「同文神交」，下有兩行小字「庚辰六月下澣無號李漢福追題」，其下方還有兩枚李漢福印章，一個爲「李漢福印」，另一個分辨不清。李漢福（一八九七—一九四四）是朝鮮近代著名書畫家，號壽齋、無號、李福等，韓國國立故宫博物館藏有他的繪畫作品《蘆雁魚蟹圖》《器皿折枝圖》等。庚辰即一九四〇年，這兩張題簽應是李漢福生前親筆題寫的。《同文神交》上、下兩册共收録信札二十四件。上册是洪良浩與清朝文人往來尺牘和詩稿十六件，分别爲洪良浩一通，戴衢亨尺牘一通、詩稿一件，德保詩稿一件，博明詩稿一件，徐紹薪詩稿一件，戴心亨尺牘兩通，李美尺牘兩通，徐大榕尺牘一通，齊佩蓮尺牘五通，另外還有徐紹薪贈洪良浩的明代書法家祝允明（號枝山）書法作品一件。下册是清代文人致朝鮮徐浩修的尺牘和詩稿，共七件，分别爲李調元尺牘一通、詩稿一件，索德超尺牘兩通，孔憲培詩稿一件，鐵保尺牘兩通。

《同文神交》上册專收清代文人與洪良浩的往來尺牘。洪良浩（一七二四—一八〇二），字漢師，號耳溪，謚號文獻，朝鮮後期文臣，英祖二十三年（一七四七）進士，官至吏曹判書、弘文館和藝文館大提學。洪良浩曾兩次出使中國，第一次在乾隆四十七年（一七八二）以冬至兼謝恩副使身份出使，與戴衢亨、戴心亨兄弟結下深厚友誼；第二次在十二年之後的乾隆五十九年（一七九四）以冬至兼謝恩正使身份出使，與時任禮部尚書的紀昀相識。通過兩次出使中國，洪良浩結識了諸多清朝名士，與清朝學者的交流促使他的北學思想更加成熟，並對朝鮮引進和普及金石考據學做出了重要貢獻。洪良浩是朝鮮時期重要的朝廷大臣，也是著名學者，他的文章和學問備受稱頌，書法善晋體和唐體，一生著作豐富，有文集《耳溪集》。洪良浩的兒子洪羲俊和孫子洪敬謨也相繼兩次出使中國並留下燕行録，與紀昀、戴衢亨等持續交流，延續了跨國友情。洪良浩祖孫三代與清朝文人的交流並留下豐富的資料，是中韓文人交流史上寶貴的財富。

《同文神交》上册第一通尺牘是洪良浩寫給友人的，寫信時間爲「乙巳七月廿六」。乙巳年即一七八五年，是洪良浩第一次出使回國兩年之後，是洪良浩六十一歲時所寫。可惜這通尺牘没有抬頭，不知收信人是誰。洪良浩是以回信的形式，表達收到對方書信之後的高興，以及感謝所贈禮物，並告知自己的近況。洪良浩尺牘之後則是戴衢亨、德保、博明、徐紹薪、戴心亨、李美、齊佩蓮等清代文人致洪良浩的信札和詩稿，這些人都是洪良浩在一七八二年冬至一七八三年二月第一次出使中國期間相識的人。他們與洪良浩結下深厚友情，洪良浩回國後仍有尺牘往來，如戴心亨兩通尺牘、李美兩通尺牘及齊佩蓮五通尺牘都是洪良浩回國之後寄來的。齊佩蓮甚至在十二年後仍與洪良浩尺牘交流，他在信中深情表達對洪良浩的欽佩和思念之情——

癸卯孟春，深蒙不棄寒微，有努力報知音之贈，至今已閱七八年矣，猶耿耿于懷。

癸卯仲春，深蒙教益，瞬息之間，十載餘矣。伏稔大人先生服政勤劬，定膺厚福，曷勝額慶。

久蒙臺德，深荷栽培，琴夢之間，時存耿耿矣。昨冬貢使東臨，瑶章下逮，倍悉居起康泰，福履亨嘉，均符葵忱，曷勝遥頌。伏念晚本草茅賤質，不堪齒數，十數年來，屢承青顧。小草有心，敢忘所自。

洪良浩在京期間與清朝文人有很多詩文的唱和贈答。他在乾隆帝爲朝鮮使臣舉辦的新年宴會上與時任禮部尚書的滿族人德保相識，洪良浩作詩相贈，德保便用原韵贈答。戴衢亨看過洪良浩撰寫的《六書妙契》之後，作一首四十二句長詩相贈。時任兵部侍郎的蒙古人博明有《春日和朝鮮使者應制元韵》七言律詩一首，徐紹薪有《惜春詞四首》。齊佩蓮在嘉慶元年二月初吉即與洪良浩離别十三年之後的一七九六年寄來的尺牘中，賦《贈耳溪老人七律一首》。這些詩文贈答無不顯示出清朝文人與洪良浩之間的深厚友情。

洪良浩與清朝文人又有詩文品鑒和書籍、金石拓本方面的交流。戴衢亨尺牘中有對洪良浩著作《六書妙契》的評價，曰：「所著《六書妙契》，理解精到，不讓古人。」又作長句一首題贈，詩中評價曰：

> 鴨綠江頭春水生，貢使諏日將登程。示我一編別隸體，六書妙解羅縱橫。偏旁點畫具心得，奧字奇語令人驚。書體從來首篆籀，岷峨積石源流清。上攷冰斯溯倉頡，貴從山下窮滄瀛。岣嶁荒碑不可讀，陳倉石鼓徒紛呈。《急就》《凡將》襍訓詁，往往附會參形聲。洪公讀書究原委，欲以新意超前英。强尋波磔欣創獲，細与注釋誇研精。

詩中指出洪良浩《六書妙契》溯源批流和注釋精湛的學術特點。其中「《急就》《凡將》襍訓詁」一句的「《急就》《凡將》」指的是西漢史遊的字書《急就篇》和司馬相如的《凡將篇》。《急就篇》是漢代教學童識字的書，篇中分章敘述各種名物，不僅爲識字而設，還有增長知識、開闊眼界的作用，如一部小百科全書，有唐代顔師古注和宋代王應麟補注等注本。司馬相如的《凡將篇》也是訓詁學奠基之作，《四庫全書總目提要》介紹《茶經》時記曰：「《七之事》所引多古書，如司馬相如《凡將篇》一條三十八字，爲他書所無，亦旁資考辨之一端矣。」因此戴衢亨詩句中有「襍訓詁」之語。而戴衢亨作爲清代著名學者，曾任體仁閣大學士、翰林院掌院學士，拜著名文字學家、考據學家段玉裁爲師，對經學和考據學應該造詣匪淺。

戴衢亨與洪良浩其實未曾見面，衹是相互仰慕，互通尺牘。洪良浩文集《耳溪集》中有兩通致戴衢亨的尺牘，第一通是一七八二年出使中國時寫給戴衢亨的，其中寫到：

> 行到關外，已聞高名遠播，及入都下，益覺藉甚遠人。恨無以自通，適有會心之客，獲承盛眷，延欵踰望，不佞亦得聞其緒餘，頗發蒙蔀，何幸如之。顧以使命在身，不敢唐突自進，終未克一瞻清光，今將竣事言旋，衹切嚮風馳神。豈意高明不我遐棄，特惠文房之具。物既華美，意甚鄭重，中心之貺，何日忘之。謹以古體一篇，手寫以獻。筆研紙墨，皆用盛賜，蓋出不虛受之意也。

從右引洪良浩尺牘中可知，洪良浩早已聞知戴衢亨，並有相識之願，但因朝鮮冬至副使身份所限，不能貿然見面，直至使團回國都未能見上一面。而戴衢亨卻托人先向洪良浩問候並送去禮物，洪良浩非常感激，於是創作一首古體詩相贈。《同文神交》中戴衢亨的尺牘正是對洪良浩這通尺牘的回信。戴衢亨信中寫道：

> 渴慕已久，因使期匆促，不得一晤，徒增悵仰。承惠手書，並讀新什，欣慰無似。所著《六書妙契》，理解精到，不讓古人。謹作長句一首題後，並以贈行。

可見戴衢亨對洪良浩也是欽慕已久，收到洪良浩的書信、詩作及洪良浩的著作《六書妙契》之後非常高興，戴衢亨也作了一首古詩贈別。詩中對《六書妙契》給予了高度評價，即如前文所述。

洪良浩回國之後繼續給戴衢亨寫信，但是因戴衢亨出任地方，不在京城，未能通音訊，如《耳溪集》中洪良浩致戴衢亨的第二通尺牘中所言：「壬寅貢行，獲蒙盛眷，詩篇往復，非不聯翩，而終未得一接清範，至今耿結在中。伊後側聞，執事受任遠方，屢經寒暑。使价之行，聞問遂絶。」戴衢亨的兄長戴心亨致洪良浩尺牘中轉告了戴衢亨的行跡：「舍弟現告假回籍省親，夏間方入都供職」，「舍弟昨歲恭奉恩命，提督山西學政，來秋方任滿回京也」。從《耳溪集》中洪良浩致戴衢亨的第二通尺牘可知，一七九四年洪良浩再次出使中國時，戴衢亨仍未回朝，因此又没能見面。後來洪良浩從出使中國的朝鮮使臣處聽説戴衢亨向朝鮮使臣詢問了自己的消息，驚喜不已，感歎：「況十年之後，姓名尚留盛聰，垂問慇懃，苟非海内神交，何以致此。」於是一七九七年當洪樂遊任書狀官出使清朝時，寄信給戴衢亨，並將之前編撰的《六書妙契》重新增删爲《六書經緯》，再次贈給戴衢亨。洪良浩寫給戴衢亨第二通尺牘時已經是他們相識十五年之後了，而雙方仍舊心心念念，可見兩國文人持久深厚的友情。

戴衢亨的兄長戴心亨與洪良浩也有很深的交情，同時伴有書籍、金石碑文的交流。《同文神交》收録的戴心亨兩通尺牘都是洪良浩回國之後寫的，從書信内容可知他們一直保持尺牘往來，互通消息。戴心亨還幫助洪良浩尋購《蘭亭集序》《聖教序》的高質量舊搨，並贈送唐代书法家虞永興撰書的《夫子廟堂碑》拓本。洪良浩將自己的詩文集贈送給戴心亨，戴心亨讀後給予高度評價：「捧讀詩文集，造詣益精，風格日上，方之先輩無多讓焉，傾佩之至。」

齊佩蓮與洪良浩也有詩文集互贈，如齊佩蓮尺牘中曰「擬欲將近作再爲繕寫，遠呈台前，以便郢削」「至冬底，將晚數年俚句會集成册，付于貴东」「前歲深承台德，將拙作點定，更加跋語，捧讀之下，赧顔奚似」等，都表現出兩國文人詩文相交的深厚學誼。

《同文神交》下册專收清代文人致朝鮮文人徐浩修的尺牘。徐浩修（一七三六—一七九九），字養直，謚號靖憲，朝鮮後期文臣、實學家。朝鮮英祖五年（一七六五）文科及第，累官至弘文館副校理、大司成、禮曹判書等。他也曾兩次出使中國，第一次在乾隆四十一年（一七七六）以進賀兼謝恩副使身份出使；第二次在乾隆五十五年（一七九〇）六月以進賀兼謝恩副使身份出使，七月十五日到達熱河行宫，這次是爲參加八月十三日乾隆八旬大壽的萬壽節，此行記録有《燕行紀》四卷。徐浩修是朝鮮北學派學者，深受朝鮮國王正祖的信賴和重用，擔任正祖組建的核心文化機構奎章閣的最高官職直提學，主導奎章閣的各種書籍編撰事業。通過兩次出使清朝，完成了正祖交托的購買書籍、引進清朝文化等重要任務。

徐浩修與清代文人之間亦有豐富的詩歌唱酬、書籍贈送、詩文品鑒等方面的文化交流。詩歌唱酬方面有李調元《奉題徐大人見一亭呈斧政》七律一首、孔憲培《奉和朝鮮副使徐提學大人見贈元韵》七律一首。書籍交流方面有李調元贈徐浩修《看雲樓集》一部、《鄉試録》一本，以及抄録《憶醒園詩》一本等。李調元還想將自己的著作《井蛙雜紀》十卷贈給徐浩修，但自己身邊没有，市面上也買不到，因此遺憾不能送出。

> 僕最好著書，于經史未能窺奥，于博物考古則竊有志焉。已刻《井蛙雜紀》十卷，皆考古之學，向琉璃廠有賣者，今欲覓一部奉送，亦不可得，無以副老先生之諄託，爲悵然耳。

李調元也是考據學者，而且他的著作賣得很好，市面上已經買不到了。

徐浩修與禮部侍郎鐵保在熱河避暑山莊相遇，徐浩修一七九〇年編撰的《燕行記》卷二七月十七日日記中有兩人書籍交流的記載：

> 鐵侍郎示其《熱河詩》一卷求評，且索余所著書，行中無他携帶者，以《渾蓋圖説集箋》二卷送之。

在《同文神交》鐵保的兩通尺牘中亦有關於這件事的内容，如第一通寫道「尊處有貴國前人詩集或雜書，希假數本，消長日、廣見聞也」，第二通寫道「承示《渾儀》諸書，義理深奥，非淺學所能窺測」。可見鐵保所説《渾儀》正是徐浩修編撰的《渾蓋圖説集箋》，但鐵保看後覺得深奥難懂，又將原書奉還。關於《渾蓋圖説集箋》，徐浩修還曾向翁方綱請教指正，《燕行記》卷三八月二十五日日記中記載：「聞翁閣學方綱爲參萬壽賀儀，自盛京來留正陽門外，送柳檢書得恭，質正《渾蓋圖説集箋》，翁請借四五日看詳。」並且還得到了翁方綱的跋文，《燕行記》卷三九月二日日記中記載：「翁閣學方綱，書送《渾蓋圖説集箋》跋語。」

徐浩修與李調元還有關於詩文品鑒的交流，如李調元尺牘中寫道：

> 貴幕下柳公來，接讀手教，長言灑灑，愧不敢當。其中備蒙批賞拙集，實爲過譽。然其議論古人長短處，則真爲吾鄉通人所見不到者，佩服，佩服。當什襲藏之，異日即以爲僕全集之序可也。

李調元對徐浩修批賞自己文集的文章十分佩服，認爲有超越中國文人之處，將來一定要將徐浩修的點評文章作爲自己全集的序文加以珍藏。李調元與徐浩修的尺牘中還談到與《四庫全書》和《四庫薈要》的編撰和收藏相關的重要信息，如：

> 至我皇上修《四庫全書》，共抄寫四部，一部留大内，一部留圓明園，一部留文淵閣，一部留熱河。除四部外，並無抄本。間有刻者，不過聚珍板一二部，在武英殿，然不能購也。或皇上賜人，則人有之。《四庫全書》四部皆抄本，無印本。《薈要》係皇上手邊批覽之書，亦抄本，無印本。大半爲部頭大，所以不能刻也。不過天府之藏，無書不有，以備文獻而已，非以流行天下也。《薈要》亦然。

從右引内容可知當時《四庫全書》和《四庫薈要》的編撰、收藏和編撰目的等情況。據李調元所説，《四庫全書》共抄寫四部，分别藏於皇宫大内、圓明園、文淵閣和熱河，而且都是抄本，没有刊印本，坊間刊刻的不過是聚珍本一二部，因爲《四庫全書》是大部頭，全部刊刻非常困難。而且編撰《四庫全書》的目的是保存文獻，並非要流行天下。《四庫薈要》則是爲了讓皇帝方便閱覽，也衹有抄本，没有刊印本。李調元是清代著名學者，又與勘閲繕校《四庫全書》的姚鼐、祝德麟、李鼎元關係密切，他爲徐浩修提供的信息應該比較準確，對朝鮮獲得清朝文化事業相關情報具有很大的幫助。

綜上所述，《同文神交》中的尺牘主要是問候、思念和欽佩之情的表達，還有詩歌唱酬、書籍相贈、詩文品鑒、學術討論等内容，反映了十八世紀中韓兩國文人的深厚友情和文化交流的豐富内涵，具有重要的文獻價值。

值得一提的是《同文神交》上册最後一頁有日本近代漢學大家藤塚鄰的拜觀記，署曰：「昭和己卯除夜，素軒藤塚鄰敬觀於京城望漢廬。」下方有藤塚鄰的兩枚鈐印，一曰「藤塚鄰印」，一曰「素軒」。素軒是藤塚鄰的號，望漢廬是藤塚鄰當年居住在朝鮮漢城（今首爾）時的堂號，因爲他的居所可以望見北漢山，昭和己卯是一九三九年。藤塚鄰畢業於東京帝國大學，曾任京城帝國大學（韓國首爾大學前身）教授，大東文化院總長等職，主要研究清代經學、金石學，著有《清代文化東傳研究》。藤塚鄰收集了大量康熙、雍正、乾隆、嘉慶年間清朝學者的著述刻本，以及清朝學者與朝鮮學者交流的相關尺牘、書籍、書畫作品等資料，对朝鮮金正喜和清朝阮元、翁方綱之間的學術脈絡做了翔實的考證。藤塚鄰收集的這些學術文獻資料，如今分散收藏於日本東洋文庫、日本天理大學今西龍文庫、美國哈佛燕京圖書館等地。現已發現多種他編撰或收藏過的文獻中署名「望漢盧」，如美國哈佛燕京圖書館的《燕杭詩牘》《海隣尺素》等。《同文神交》有藤塚鄰「敬觀」並鈐蓋印章，加上當時韓國著名書畫家李漢福追題，具有重要的文獻價值。

七

以上對此次整理影印的六種韓國藏清人尺牘集進行了簡要的介紹，從上述解題中我們已經可以看到清人尺牘集所具有的學術和文獻價值，可以從以下幾個方面再进行概括。

首先，這些清人尺牘作爲中韓文人交流的第一手資料，是兩國文人交流的最直接的强有力的證據，使没有留下燕行録或文集而被忽視的朝鮮文人得以浮出水面，證實他們與清朝文人的交流事跡及其交友圈，提高了其在朝鮮學術史上的地位。

朝鮮文人金在行、金魯敬、金正喜、金命喜、金善臣、金善民、洪良厚、李鳳寧等，與清朝文人的交流因尺牘集的發現得到證實，在中韓文化交流史上也得到應有的重視。金在行對十八世紀中韓兩國文人交流進入熱潮起到了推動作用。金正喜和金命喜兄弟有共同的清朝友人，並通過交流引進了清代學術，發展了朝鮮的經學和金石考據學等。

其次，這些清人尺牘集絶大多數未見載於國内文獻，可以補充清人别集中闕失文獻，對清代文人的生平和學術研究具有極大的補充和參證作用。

《中朝學士書翰》中潘庭筠的二首七絶和一通尺牘是没有收録於《日下題襟集》的資料；《同文神交》中戴衢亨、德保、博明、孔憲培的各一通尺牘載於洪良浩《耳溪集》和徐浩修《燕行記》，其他十三通尺牘在中韓兩國文獻中都没有記載；翁方綱致金正喜第二通尺牘没有記載於翁方綱文集；還有《清朝名家書牘》《中士尺牘》《中朝學士書翰録》中曹江、汪喜孫、王筠、程恭壽、張丙炎等諸多清代著名學者的尺牘和詩文，都是新見材料。這些新材料不僅可以完善國内資料，還可以推進學術研究。比如從《覃溪手札帖》中翁方綱尺牘，《中士尺牘》中汪喜孫、王筠尺牘中，對漢學、宋學問題的議論，我們可以瞭解他們漢、宋不分卻又支持漢學的學術傾向；同時從他們闡述王夫之、顧炎武、戴震等一大批清代著名學者的著書和學術主張的言論中，可以瞭解清代主流學術思想和學術特點。

再次，這些清人尺牘集體現中韓文人交流的豐富内容和真實細節，反映十八、十九世紀中韓兩國文人之間多樣化且雙向的文化交流特點。通過尺牘我們可以看到中韓兩國文人相互詩文唱酬和品鑒、書籍和金石碑文互贈、學術討論，以及贈送各種筆墨紙硯、書畫作品等，文學、學術、文化方面的雙向交流與傳播。

中韓文人在詩文方面的交流包括次韻詩、贈别詩、題詩、記文、序跋、祭文等多種形式。《中朝學士書翰》中嚴誠、潘庭筠、陸飛與金在行的次韻詩、送别詩，嚴誠與潘庭筠爲金在行的「養虚堂」撰寫《養虚堂記》和題詩，金在行爲嚴誠撰寫哀辭；《清朝名家書牘》中曹江爲金善臣作墓志銘；《中朝學士書翰録》中陳翰的《再疊前韵兼以送别》《奉和原韵》、李衔的《奉覆再疊前韵用申歉疚》《和原韵誌謝兼以贈别》，金永爵爲李伯衡撰寫祭文；《同文神交》中德保、博明、徐紹薪的次韵詩、贈詩，無不顯示兩國文人之間普遍且大量的詩文交流，這也促進了兩國文人的文學創作。

朝鮮文人與清代文人之間不僅相互酬贈，還有詩文品鑒方面的交流。《中朝學士書翰》中陸飛評價金在行詩曰「兩詩作於匆匆將行之時，尚能如此超脱穩愜，語到情至，益增敬佩」，嚴誠評價金在行曰「豪士中原少，清辭兩晉宜」，潘庭筠更是高度評價金在行文章曰「鴻篇清麗，尊大人鉅製，尤足與香山、劍南抗行，一門風雅，照耀海隅，可敬，可敬」。《同文神交》中戴衢亨對洪良浩撰寫的《六書妙契》評價曰「理解精到，不讓古人」，並在答詩中高度點評「偏旁點畫具心得，奥字奇語令人驚」，「洪公讀書究原委，欲以新意超前英。强尋波磔欣創獲，細与注釋詩研精」。徐浩修對李調元的詩文的評價，李調元也非常認可，他在回復徐浩修的信中説「其中備蒙批賞拙集，實爲過譽。然其議論古人長短處，則真爲吾鄉通人所見不到者，佩服，佩服」，並表示要珍藏，日後作爲詩文集序文，「當什襲藏之，異日即以爲僕全集之序可也」。可見兩國文人互有品鑒，而且反映出朝鮮文人的詩文著作得到清代文人的肯定和欣賞，以及對朝鮮文人的敬佩。

通過清人尺牘集我們還可以看到中韓兩國文人有着很多書籍的交流，而書籍流通也是文學和學術傳播的主要途徑之一。《中朝學士書翰》中潘庭筠給金在行寄贈詩話、法帖等，並索求朝鮮的詩文集。《中朝學士書翰録》中金弘集向趙光寄金永爵的詩文集，趙光之子趙廷璜又向金弘集寄贈趙光年譜和文集，以及族人詩文集《居易軒遺稿》《向湖村舍詩集》；程恭壽尺牘中有言曰「承貺韋注《國語》，校刊精粹，似影宋本，極可珎貴」，可知金永爵將朝鮮刊刻的韋昭注《國語》贈送給程恭壽。《同文神交》中李調元贈徐浩修《看雲樓集》《鄉試録》《憶醒園詩》等書籍；徐浩修將自己的著作《渾蓋圖説集箋》贈給鐵保；洪良浩將著作《六書妙契》贈給戴衢亨，並得到戴衢亨的高度評價，十多年之後洪良浩將《六書妙契》改爲《六書經緯》，抄寫一部再次寄給戴衢亨。這些事例無不顯示兩國文人的書籍交流情況，尤其喜歡將自己或家人的著作贈給對方，其目的猶如趙廷璜所説「藉傳姓名」，以及洪良浩所説「如有可採，則布示學者，以廣其傳，使海外管見，得齒中國書肆，則豈非聖代奇事耶」，希望自己的著作流傳於對方國家，借以在異國留名傳世。

中韓兩國文人通過尺牘在金石碑文方面也有不少的交流。潘庭筠贈金在行《嶧山碑》石刻拓本，戴心亨爲洪良浩尋購《蘭亭集序》和《聖教序》並贈《夫子廟堂碑》拓本，曹江贈金命喜《曹全碑》《坐位帖》《古柏行》，贈金正喜翁石刻、蘇石刻等，翁方綱手札後附兩幅建初尺拓本並題考證詩文，這些表明十八世紀末朝鮮文人已經關注金石考據學的引進。十九世紀初金正喜、金命喜兄弟與翁方綱、曹江、葉志詵、劉喜海等清代學者的交流，更加發展了朝鮮的金石考據學。這一點從劉喜海編撰《海東金石苑》時得到金正喜、金命喜寄贈的朝鮮金石拓本，金正喜編撰《禮堂金石過眼録》，以及後來陸續出現的金石考據學方面的著作，如吴慶錫撰《三韓金石録》和《三韓訪碑録》、朝鮮王孫朗原君所輯《大東金石録》等，可以探知。兩國文人關於金石碑文的交流，反映出清朝學術對朝鮮的傳播與影響，以及兩國金石考據學的相互促進與發展。

這些尺牘集與燕行録、詩文集等文獻相互對讀互證，可以更加全面完整地揭示兩國文人的文化交流，以及生平事跡、學術思想、交友關係、文學創作等，可以豐富十八、十九世紀的中韓兩國文化交流内涵。

從次，這些清人尺牘反映出中韓兩國文人之間持續長久的交流和深厚友情。燕行録和筆談文獻衹是記録朝鮮使臣遊歷中國時的情況，而尺牘卻反映了朝鮮使臣回國之後的持續交流情況。《中朝學士書翰》中潘庭筠、嚴誠、陸飛都有離別一二年之後的尺牘，嚴誠病逝前仍舊懷念朝鮮友人而强撑病體寫的信，潘庭筠四年之後仍舊寫信給金在行，深表思念之情，言「舊雨晨星，殊深惆悵，涕安得不流，髮安得不素耶」，並爲金在行族兄金善行的去世寫挽詩二章。《清朝名家書牘》中有曹江與金命喜離別三年之後寫的書信，與金善民分別五年之後寫的書信。《中朝學士書翰録》中有金永爵回國一年之後程恭壽寫的兩通尺牘，李文源與金永爵分別之後每年寫的尺牘，張丙炎與金永爵離別五年之後寫的兩通尺牘，信中言：「丙炎翹望執事即充正使入都，一住渴緒，不知一二年内，能即來否？丙炎杜門卻掃，侍奉康娱，足慰綺念。」《同文神交》中齊佩蓮五通尺牘都是洪良浩回國之後寫的，有的是離別七八年之後寫的，有的甚至是十二年之後的尺牘，言「琴夢之間，時存耿耿」。這些尺牘中流露出兩國文人之間相互思念、關心，以及生死不没、音訊不斷的深情，甚至上一輩的交流延續到下一代的連綿不絕的跨國友情。嚴誠死後金在行撰寫哀辭寄贈；金永爵與李伯衡三十年神交，李伯衡死後金永爵撰寫祭文以寄，從此與李伯衡之子李文源相交，繼續尺牘交流；金永爵與趙光相交，他們死後，金永爵之子金弘集與趙光之子趙廷璜又有尺牘往來。這些都顯示出兩國文人真摯的友情。

最後，從這些清人尺牘中還可以探知清朝文人與朝鮮文人之間的交友關係，以及不斷擴展的人脈關係。《中朝學士書翰録》中程恭壽致金永爵尺牘有如左一段内容：

稼軒回清江，今春正二月之交，清江失守，不知其遷流何所矣。張午橋，揚州人也，已入詞館。回籍惟楊汀鷺，南宫應試報罷，入东河帥黄莘農幕府。稼軒之信，將來郵致汀鷺。陳少言聞已出京。夢韶之長子名文源，號心傳，前任户部郎中，聞此時已納賢爲候補觀察矣。其次、三兩子，名字未知，年歲、官階亦茫然……少言信亦只好留俟伊來再交。蕙舫無辜被逮繫獄四五月矣。

程恭壽向金永爵轉告清朝友人的近況和轉交尺牘之事。從中我們可以知道金永爵與信中提到的稼軒吴昆田、午橋張丙炎、汀鷺楊傳第、少言陳翰、夢韶李伯衡、蕙舫翁學涵等都有交往，而程恭壽熟知他們的情況，也有交往。再如《中朝學士書翰録》中張丙炎致金永爵尺牘言：「海秋日日把晤，稼軒有秋日來都之意，致足樂也。魯川在皖，音問殊艱。埘呈摹刻澄清堂帖，尚是潤臣所惠。」信中提到的海秋、稼軒吴昆田、魯川冯志沂、潤臣葉名澧等都與金永爵相識，而張丙炎與他們也是好友。

清朝文人與朝鮮文人交流過程中，還會因前人而結識新的朝鮮使臣，拓展交友範圍。《清朝名家尺牘》中曹江致金善民尺牘中言「除夕之前二日秋史金公子來，袖出手書」，可見曹江因與金善民的尺牘往來，而與送信的秋史金正喜相識。《中朝學士書翰録》中程恭壽致金永爵尺牘中有「昨奉惠書，得與李枕泉學士屢次握手晤談」之句，可見他也因與金永爵的尺牘往來，又結識了朝鮮使臣李後善（號枕泉）。《同文神交》中齊佩蓮致洪良浩的尺牘中言「客冬得晤芝圃李公，倍悉閣下名冠箕城」，可知他與送信的朝鮮使臣李在學（號芝圃）相識。而金魯敬、金正喜、金命喜父子三人與清朝文人相互交叉交流。從清人尺牘中我們可以構建中韓兩國文人交友的人脈網絡。

# 目録

# 中朝學士書翰

乾隆三十二年丁亥

完

中朝學士書翰
乾隆三十二年丁亥
完

中朝學士書翰　乾隆三十二年丁亥

完

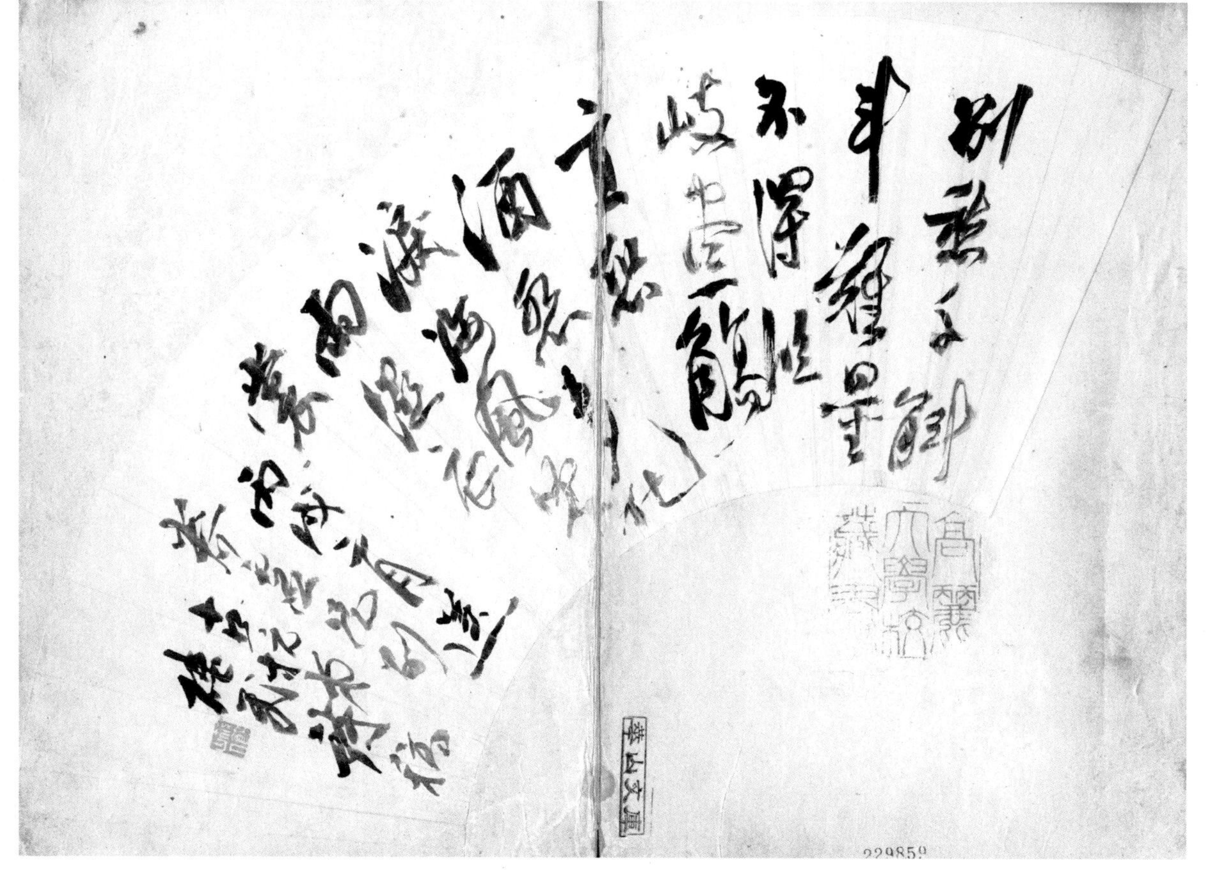

别愁千斛斗難量，不得临岐盡一觴。直恐酒悲多化淚，海風吹雨濕衣裳。

丙戌二月，送養虛兄别

古杭弟陸飛詩稿。

拜讀

瓊篇如獲鴻寶當謹次 元韻馳

上文几

厚賜益增感愧 天涯知己千古

奇緣依戀之私筆難盡

罄惟有中心藏之而已 啟

拜讀
瓊篇，如獲鴻寶，當謹次元韵馳
上，又蒙
厚賜，益增感愧，天涯知己，千古
奇緣，依戀之私，筆難盡
罄，惟有中心藏之而已。敢

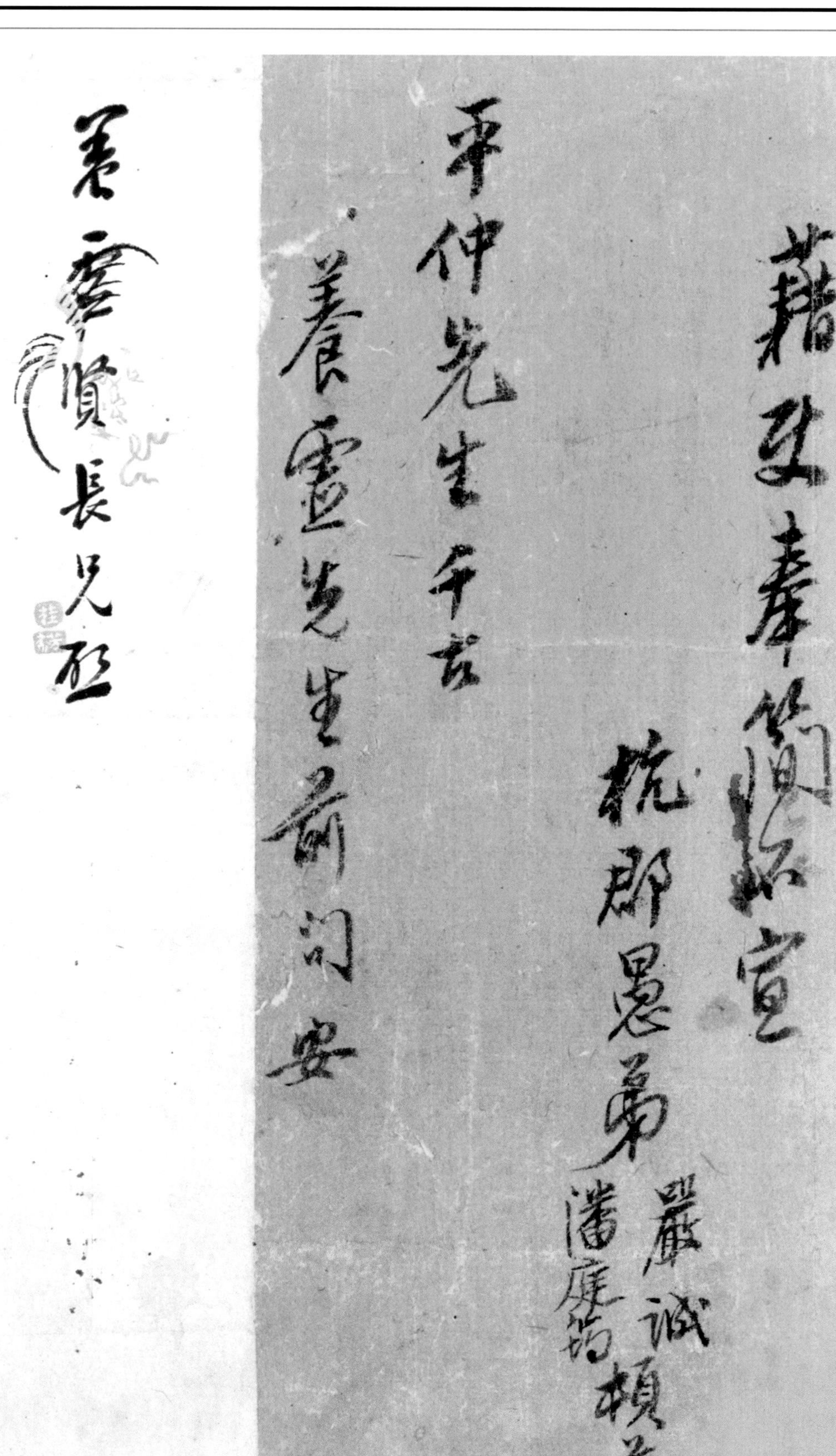

藉致奉簡賀宜

杭郡愚弟 嚴誠 潘庭筠 頓首

平仲先生千古

養虛先生前問安

養虛賢長兄啟

藉使奉簡，不宣。

杭郡愚弟嚴誠

潘庭筠頓首。

平仲先生千古，

養虚先生前問安。

［皮封］養虚賢長兄啓

客心無定似懸旌，孤館荒寒味作經。攬鏡怯連雙鬢白，攤書坐對一燈青。天涯旅幸追詞伯，人海誰能識酒星。握手相逢已相別，不堪兀坐思冥冥。

客心無定似懸旌，孤館荒寒味乍經。攬鏡怯連雙鬢白，攤書愁對一燈青。天涯我幸追詞伯，人海誰能識酒星。惆悵相逢即相别，不堪兀坐思冥冥。

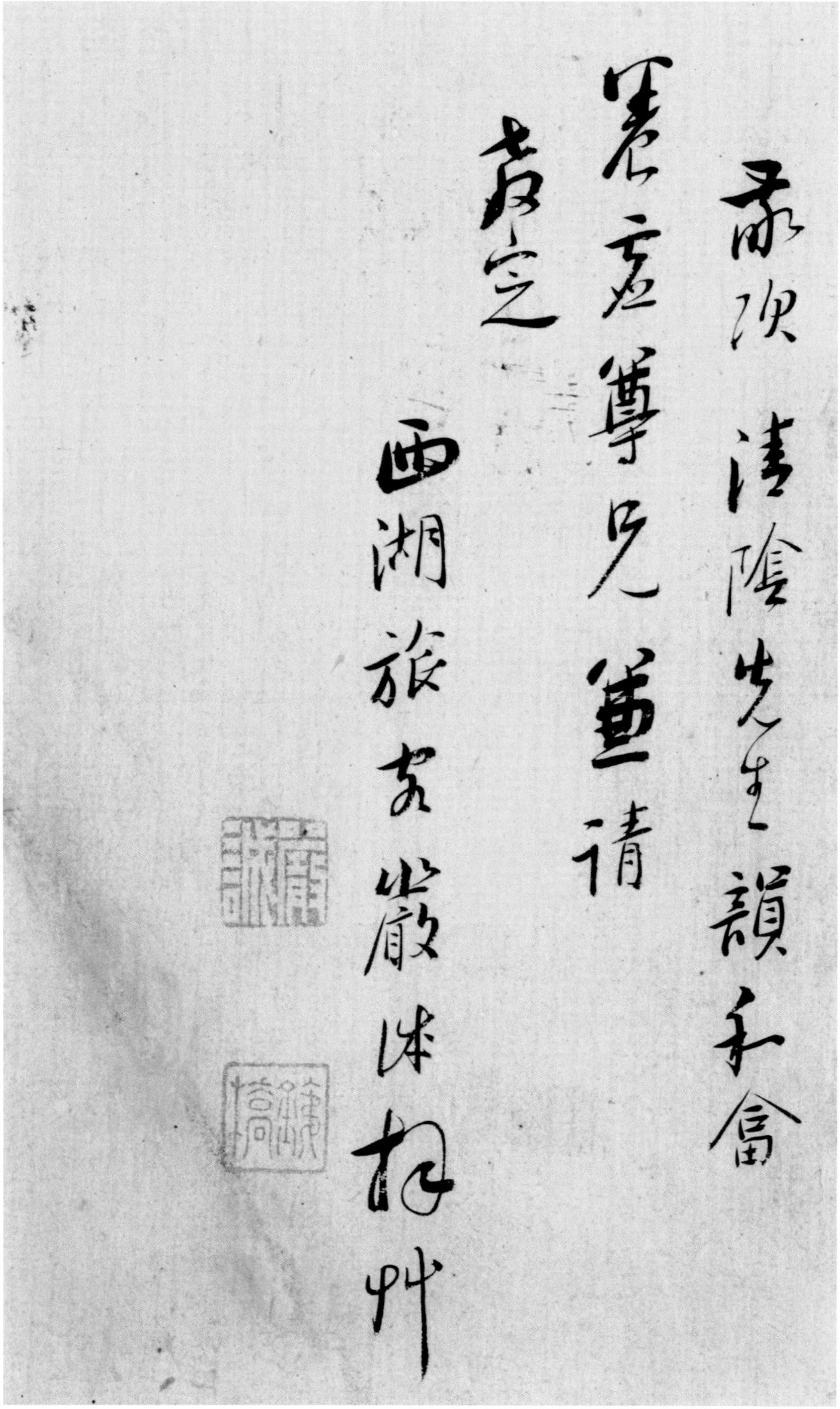
承次清陰先生韻手畣
養虛尊兄畫請
教之
西湖旅次嚴誠拜草

敬次清陰先生韻和畣
養虛尊兄，兼請
教定。
西湖旅客嚴誠拜艸。

碣石宮南雜畫旌沃焦峰外想曾經衣留銀屋三分白嵐染蓬山一抹青

養雲儒者着戎服相見故及之

環雨聲寒々草聖漢雲句

碣石宫南駐遠旌，沃焦峰外想曾經。衣留銀屋三分白，笠染蓬山一抹青。養虚儒者，着戎服相見，故及之。驟雨聲寒今草聖，淡雲句

好舊詩星淡雲微雨小姑詞清儀先生句也原詩用先生韻故云

獨憐蹤館分題處不奈蒼茫

暮色冥 次韻奉贈

養雲吟長兄

錢湖潘庭筠

好舊詩星。淡雲微雨小姑祠，清陰先生句也，原詩用先生韵，故云。

獨憐孤館分題處，不奈蒼然暮色冥。次韵奉贈

養虛吟長兄。

錢湖潘庭筠

嘗示喫鰒魚法甚善東坡詩云中都貴人珍此味糟浥油藏能遠致則喫法又別想此味無所不宜也

蒙示啖鰒魚法，甚善。東坡詩云：中都貴人珍此味，糟浥油藏能遠致。則啖法又別。想此味無所不宜也。

九云歸薩棲罷于
副使想酒人醉、態度
舞可觀，南將軍置一
觴只用管仲之器
足下將奉何，不架
養靈尊丈　南翁頓

札云歸獲罪于副使，想酒人醉態，屢舞可觀。弟將更置一觴，只用管仲之器，足下將奈何？一笑。

養虚尊丈。弟筠頓首。

昨日
足下不克攀其西山之遊，有佳
詠否？得
手教，深慰鄙懷。無奈日
友人見訪，相邀觀劇，業
已約定，勢不容卻，明日不
復有事入城，十五六七日不

昨日
足下不至，鬱甚。西山之遊，有佳
咏否。今得
手教，深愜鄙懷。無奈今日
友人具酌相邀觀劇，業
已約定，勢不容却。明日亦
復有事入城。十五六七日，不

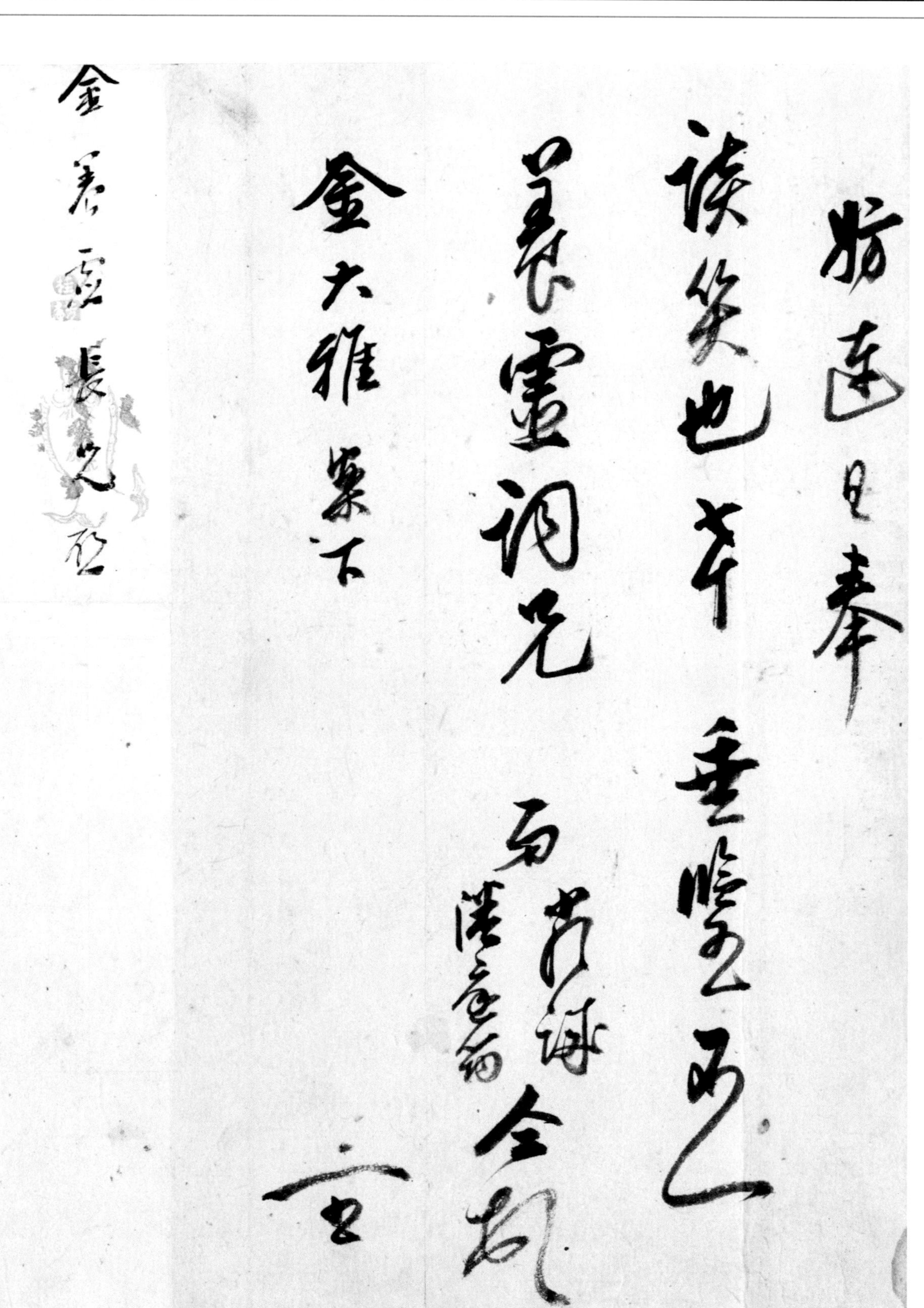

妨連日奉

談笑也。希垂鑒，不一。

養虛詞兄，弟嚴誠潘庭筠仝頓首。

金大雅案下二書。

［皮封］金養虛長兄啓

袖裏硾箋碧血
痕離愁三百斛堆滿已
陽門
素書讀了還無紙說只
解一斗千秋血相逢
都是好男兒從此來

袖裏相思字，都成碧血痕。離愁三百斛，填滿正陽門。

素書讀罷無他説，只餘一斗千秋血。相逢都是好男兒，從此朱

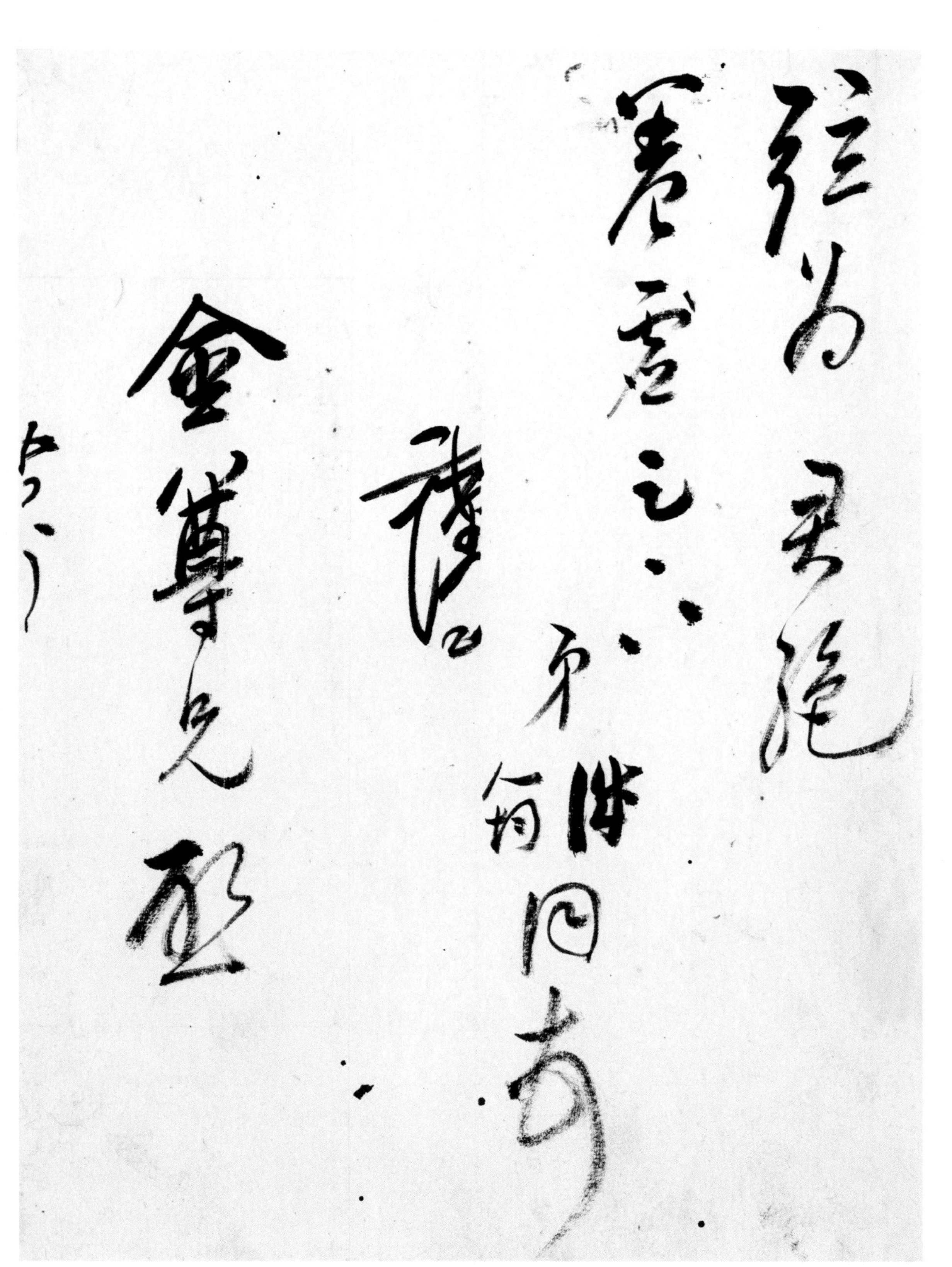

弦爲君絶。

養虚足下

弟誠鈞同頓首。

金尊兄啓

金斯文足下啟

正想行塵忽見伻至喜極又得兩詩
感極涕乎
吾哥情重如是耶兩詩作于匆匆情
之時尚能如此題贈敘離情別情至
羨煞欽佩天壤間有此難兄豈易
得哉　書不盡意收淚請別
吾哥大兄
愚弟陳元上

〔皮封〕金斯文足下啓

正想行塵，忽見伻至，喜極。又得兩詩，感極。嗟乎！養虛情重如是耶！兩詩作于匆匆將行之時，尚能如此超脱穩愜，語到情至，益增敬佩！天壤間有此難兄，豈易得哉，豈易得哉。書不盡意，收淚請別

愚弟陸飛頓首。

養虛大兄。

金寶宇兄 啓

緘

傷武三三夫復四言覽
書寄
足下此時亦正甚矣蘭公要覓詩集本
耕里蘂昨夜未歸所寄書恨遲
言不盡言或可不必確也此時行色匆匆
尚賴爲此仔細之事耶亦不憶之甚
矣别棕千萬筆不能盡只此
遂座右兄 三一 愚弟 頓首

［皮封］呈

金尊兄啓

傷哉，傷哉！夫復何言，覽

書審

足下此時亦忙甚矣。蘭公養虛堂詩，囑弟轉呈。渠昨夜未歸，所請書語，渠意不急，不急，或可不必應也。此時行色匆匆，尚暇爲此紆緩之事耶！亦不情之甚矣。别悰千萬，筆不能罄。只此。

養虛老兄足下。　　愚弟誠頓首拜上。

餐霞堂為
金丈平仲所正不敏蔽風
雨賦詩志慨
遼海環賢士寒廬乏
棟材跟辛留小葉跋

養虛堂爲

金文平仲所居，不能蔽風

雨，賦詩志慨。

遼海孤貧士，寒廬乏

棟材。艱辛留小築，跌

宕只深林詩已存天地
人猶以草萊秋風茅
屋破愧未送償來
禹航小弟潘庭筠拜稿
庭筠

宕欠深杯。詩已存天地，
人猶卧草萊。秋風愁
屋破，愧未送資來。
禹航小弟潘庭筠拜稿。

# 養虛堂記

丙戌之春余遊京師交二異人焉曰金君養虛洪君湛軒二君者朝鮮人也與一友中國之士隨貢使來輦下居三閱月矣卒卒無所遇又出入必咨守者窘束甚志不得遂既乃余相見則歡然以舊識嗟乎余因以得此於二君哉洪君於中國之書無不徧讀精歷律算卜戰陳之法頗性篤謹喜談理學具儒者氣象而金君嶔崎歷落不可羈紲趣若不同而交相善也余既歡洪君之為人而於金君又愛之甚

# 養虛堂記

丙戌之春，余遊京師，交二異人焉，曰金君養虛、洪君湛軒。二君者，朝鮮人也。思一友中國之士，隨貢使來輦下，居三閱月矣，卒落落無所遇。又出入必咨守者，窘束愁苦，志不得遂。既与余相見，則歡然如舊識。嗟乎！余何以得此於二君哉！洪君於中國之書，無不徧讀，精歷律、算卜、戰陳之法。顧性篤謹，喜談理學，具儒者氣象。而金君嶔崎歷落，不可羈紲，趣若不同而交相善也。余既敬洪君之爲人，而於金君又愛之甚焉。金君喜作詩，於漢魏盛唐諸家，心摹手追，風格遒健，而草書亦俊爽可喜。每過余邸舍，語不能通，則對席操管落紙如飛，日盡數十幅以為常。性頗嗜酒，以畏耶禁不敢飲，又洪君或譙訶之，時時爬搔不自禁。一日余強之飲，則咋舌撟手以為不可，且懼洪君之或來見之也。顧語及洪君，則必曰豪傑之士云。夫天下編為朋友衆矣，其道不同則相合者以迹，而心弗能害心弗能善，則迹亦日離。是故正人正言每以不容於時，而頹情自放之子，以畏親正人正言之故，流為比匪之小人焉。金君喜作詩，於漢魏盛唐諸家，心摹手追，風格遒健，而艸書亦俊爽可喜。每過余邸舍，語不能通，則對席操管，落紙如飛，日盡數十幅以爲常。性頗嗜酒，以畏邦禁不敢飲。又洪君或譙訶之，時時爬搔不自禁。一日余强之飲，則咋舌揺手，以爲不可，且懼洪君之或來見之也。顧語及洪君，則必曰豪傑之士云。夫天下號爲朋友衆矣，其道不同，則相合者以迹而心弗能善，心弗能善，則迹亦日離。是故正人正言，每以不容於時，而頹惰自放之，子以畏親，正人正言之，故流爲比匪之小人

而不自知其非而朋友之道遂不可以復問若金君之
於洪君又多乎哉余聞諸金君々胡不仕金君則慨
然太息曰子亦知吾之所以歸養吾者乎吾國俗
重門閥庸々者哉不難得高位而淺門寒畯之
士雖才甚良弗見焉吾世宦之胄得美官甚
易且年幾五十老矣而甘自伏匿以窮其身蓋
有所不為也夫吾人猶太虛而以浮雲視富貴
又性懶且傲無所用於世時吟一篇焉眞々然樂
也時來一客焉陶々然忘有所得也吾知養吾老
爾已而非強懶且傲之性以求致於世無益於人而

而不自知其非。而朋友之道，遂不可以復問。若金君之於洪君，又多乎哉！余閒語金君：「子胡不仕？」金君則慨然太息曰：「子亦知吾之所以號養虛者乎？吾國俗重門閥，庸庸者或不難得高位，而後門寒畯之士，雖才甚良，弗見焉。吾世室之胄，得美官甚易，且年幾五十老矣，而甘自伏匿，以窮其身，蓋有所不爲也。夫吾心猶太虛而以浮雲視富貴，又性懶且傲，無所用於世。時吟一篇焉，囂囂然樂也；時來一客焉，陶陶然各有所得也。吾知養吾虛爾已，而欲强懶且傲之性以求效於世，無益於人，而徒損於己其累養虛者莫大焉此養虛所以為歸去也而養虛即以額所居之堂余曰是可記也夫洪君不作詩又惡飲酒性與金君異雖亦以貴胄退隱田間方講明聖賢之道終其身不樂仕進其志亦金君之志乃今知其迹若不相合而心相善以成性命之交也亦宜惜其遠在異國而余不獲一登養虛之堂願金君熙熙遊陶陶然於其間也於其將歸書以為贈海外之士有同志如洪君者可共覽觀焉

杭州小弟嚴誠拜手撰

徒損於己，其累吾虛者莫大焉。此吾所以爲號者也。而吾即以顔所居之堂。」余曰：「是可記也。」夫洪君不作詩，又惡飲酒，疑与金君異。然亦以貴胄退隱田間，方講明聖賢之道，終其身不樂仕進，其志亦金君之志。乃今知其迹若不相合而心相善，以成性命之交也。亦宜惜其遠在異國，而余不獲一登養虛之堂，與金君囂囂然、陶陶然於其間也。於其將歸，書以爲贈。海外之士有同志如洪君者，可共覽觀焉。

杭州小弟嚴誠拜手撰。

燕城判袂更會無期東望海雲黯
然欲絶伏惟
學履清勝為慰比来道力想益加深詩
卷想益加富追頤丱之宗紹清陰之
家學不振盛業當歸
足下素人企仰之意筆難盡寫也筠下
第後罷中旬即東裝南歸五月抵家
時擢小舟於西湖荷花深處頗得山水
之樂讀書之暇蕭閒空曠思欲摭拾

燕城判袂，更會無期，東望海雲，黯然欲絶。伏惟學履清勝爲慰。比來道力想益加深，詩卷想益加富，追頤叔[一]之宗風，紹清陰[二]之家學，不朽盛業，當歸足下。遠人企仰之意，筆難盡瀉也。篘下第後，四月中旬即東裝南歸，五月抵家，時櫂小舟於西湖荷花深處，頗得山水之樂。讀書之暇，蕭閒空曠，思欲摭拾

[一] 頤叔：金安老，字頤叔，號希樂堂、龍泉、退齋，本貫延安，朝鮮王朝中期文臣。燕山君丙寅年（一五〇六）文科及第，官至領議政。著有《龍泉談寂記》。

[二] 清陰：金尚憲，字叔度，號清陰，本貫安東，朝鮮王朝中期文臣。曾于一六二六年八月以聖節兼謝恩陳奏使出使明朝。朝鮮丙子胡亂時主戰斥和，曾被押送至瀋陽問罪，後釋放回國。有與清人唱酬之詩，載於王世貞《感舊集》中。

海東風土世紀輯爲一書并録東人之詩使海内知周太師禮義之教風化之美至今猶有存者但局於見聞鄭麟趾諸人之書又不可得是自慚淺陋祇增踈漏

足下得暇於將近代之詩録成一帙見寄并書作者姓氏爵里及其事蹟之不傳若有世所流布刊本如所謂箕雅者示我并大集郵至京師以振鄙胸以傳遠近非特弟之書可以成而一邦文獻

海東風土世紀，輯爲一書，并録东人之詩，使海内知周太師禮義之教，風化之美，至今猶有存者。但局于見聞，鄭麟趾諸人之書又不可得見，自慚淺陋，祇增踈漏。

足下得暇，祈將近代之詩，録成一帙見寄，并書作者姓氏、爵里及其事蹟之可傳。若有世所流布刊本如所謂《箕雅》者示我，并大集郵至京師，以拓鄙胸，以傳遠近。非特筠之書可以成，而一邦文獻

金養虛先生書

亦可行天下壽弟世世如使數惠雖寄
我拘於禁不如已之　湛軒兄想頻會
晤　令兄休休先生處不敢通札希
道相思　睡隱先生亦同此致意臨楮
惆悵不勝神馳之至
養虛尊兄先生千古
愚弟筠頓首

記曾在館中見欲購石刻一紙中載李斯嶧山碑
寄適有此敢以奉獻如欲中國何書乞示知以便郵
寄又啟

八月二十日

亦可行天下、壽萬世也。如使路遠難寄，或拘邦禁，不如已之。湛軒兄想頻會晤令兄休休先生[一]處，不敢通札，希道相思，睡隱先生[二]亦同此致意。臨楮惆悵，不勝神馳之至。

養虛尊兄先生千古。

愚弟筠頓首。

八月二十一日

記曾在館中見欲購石刻一紙，中載李斯《嶧山碑》，家適有此，敢以奉獻。如欲中國何書，乞示知，以便郵寄。又及。

［皮封］金養虛先生書

［一］休休先生：金善行，字述夫，號休休，朝鮮王朝文臣。一七六五年冬至使副使，養虛金在行的族兄。

［二］睡隱先生：李烜，號睡隱，朝鮮王室宗親，順義君。一七六五年冬至使正使。

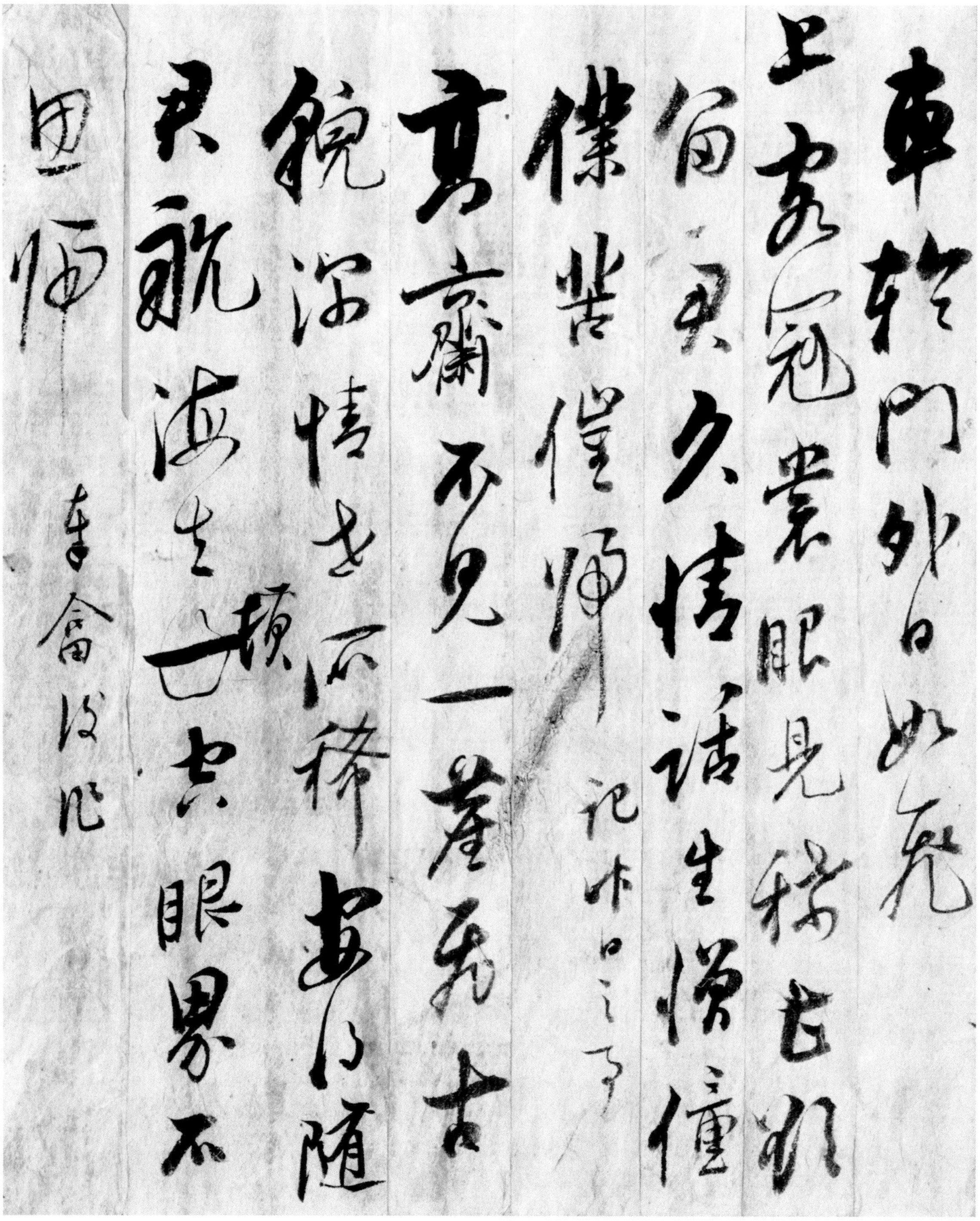

車輪門外日如飛，上客冠裳眼見稀。甚欲留君久情話，生憎僮僕苦催歸。記昨日之事。

高齋不見一塵飛，古貌深情世所稀。安得隨君航海天，頃空眼界不思歸。奉畲後作。

弟今年遠客福建離家一千七百里篠飲蘭公春正一別吾〻不通息耗近聞蘭公又赴都門矣聞由蘭公之家鈔寄 尊札承示歸途佳什及見懷之作不勝感愴弟去秋極念家信亦有寸楮未寄 湛軒處吾兄者不寄已 兄之與吾輩爲從古不再見之人而又萬里寄書艱難之至三段 來教令人氣結心死蘇李河梁之感豈止比吾輩之悵惘萬一哉猶記 湛軒有云終歸一死不如初不相逢每念斯言潛然出涕

弟與吾兄氣味相投實緣性情相似彼造物者亦何苦播弄此從古不再見之人而作此一月之合哉故鄉戚友雖復星離雲散終有會面之期如吾 湛軒 養虛兩人則惟有閉目凝想若或見之而已哀哉哀哉弟病

［皮封］金養虚尊兄啓

弟今年遠客福建，離家一千七百里，篠飲、蘭公春正一别，至今不通息耗。近聞蘭公又赴都門矣。閏月間，蘭公之家鈔寄尊札，承示歸途佳什及見懷之作，不勝感愴。弟去秋抵家後，亦有寸楮奉寄湛軒及吾兄者，不審已見之否？吾輩爲終古不再見之人，而又萬里寄書，艱難之至，三復來教，令人氣結心死。蘇李河梁之别，豈足比吾輩之恨於萬一哉？猶記湛軒有云，終歸一别，不如初不相逢。每念斯言，潸焉出涕。弟与吾兄氣味相投，實緣性情相似，彼造物者亦何苦播弄此終古不再見之人，而作此一月之合哉？故鄉戚友雖復星離雲散，終有會面之期，如吾湛軒、養虚兩人，則惟有閉目凝想若或見之而已，哀哉，哀哉！弟病瘡病月有餘今尚未痊奄奄伏枕心思昏亂頃發書覽相思之情千言萬語亦難盡罄而舉筆又復茫然嗟乎 巻廬奈何奈何二小詩奉懐寄情而已不盡之以言諒也希 照察可也

聞道金平仲年來病且貧著書餘老屋調藥倚佳人（此二字池軒所題非敢相譽）白髮衰時命青山猶狎隱淪驊騮多失路誰是九方歅

一別成千古生離是死離書來腸欲斷夢去淚先垂寡士中原少清辭兩晋宜百年吾與爾泉下盡交期

上

巻廬尊兄文案

愚弟嚴誠頓首再拜

丁亥九月朔日書於南閩寓館

瘧兩月有餘，今尚未痊，奄奄伏枕，心思昏亂，頃發書覺相思之懷，千言萬語，亦難盡罄，而舉筆又復茫然。嗟乎！養虛，奈何，奈何！二小詩奉懷寄情而已，不足以言詩也，希照察，不一。

聞道金平仲，年來病且貧。著書餘老屋，調藥倚佳人。此二字湛軒所題，非敢相謔。白髮哀時命，青山狎隱淪。驊騮多失路，誰是九方歅。

一別成千古，生離是死離。書來腸欲斷，夢去淚先垂。豪士中原少，清辭兩晉宜。百年吾與爾，泉下盡交期。丁亥九月朔日書於南閩寓館

上

養虛尊兄文案。

愚弟嚴誠頓首再拜。

金之虞寅兄啓

庭筠再拜

養靈以尊兄足下萬里良朋千秋奇遇

固自能話因起離悰望風懷想何以

為情比得

手書如奉

詩教羨足之自慰

鴻篇清醇

尊大人鉅製尤足與香山劍南抗行

一門風雅照耀海隅可敬可敬比來

近履福綏爲念自別後南北奔馳

無一可告狀須丈入都風塵碌碌

［皮封］金養虛兄啓

庭筠再拜

養虛尊兄足下：萬里良朋，千秋奇遇，固自佳話，因起離悰，望風懷想，何以爲情。比得

手書，如奉

詩教，差足自慰。

鴻篇清麗，

尊大人鉅製，尤足與香山、劍南抗行，一門風雅，照耀海隅，可敬，可敬！比來近履福綏爲念。弟别後南北奔馳，無一善狀。頃又入都，風塵落落，

德業不進度增内疚夜飲偶
卧西湖放情詩酒鐵橋竟爾道
山仙去有才無年天道難知
為之悼歎城南把臂之樂邈不可
再敘何〻湛軒後家學洞去
尊居想不甚遠晨夕素心共樂
不知須瞻白石李君持重醇厚問
君寔吾友附寄寸函肅候
起居餘不〻盡悉
庭筠再拜
晨窗尊兄先生
令兄判書亦此名致候不另札
附呈詩話法帖兩種乞收勿哂酸寒也

德業不進，良增内疚。篠飲歸卧西湖，放情詩酒。鐵橋竟入道山仙去，有才無年，天道難知，爲之悼歎！城南把臂之樂，邈不可再。如何，如何！湛軒移家苧洞，去
尊居想不甚遠，晨夕素心，其樂可知。頃晤白石李公，持重醇厚，聞君密友，附寄寸函，肅候
起居，餘不盡悉。
養虚尊兄先生。　庭筠再頓首。
令兄判書公，叱名致侯，不另札。
附呈詩話、法帖兩種，乞收，勿哂酸寒也。

文章莫妙於言情而亦莫難於言情不
知情生文文生情要之情至則文至強顏為笑
不成而呻豈有情耶所最京卿一時華
麗排偶跌宕恩而莊論恩而諧謔俱是極
天下之至文讀何景明兩人之言中情多為
者不能至於假作者不過假借發以明思愛耶
之別離之狀其聲哀戚壯筆今日中外一家諧之
蔽之無不甚之懷耶嘗得真氣而死者其情
不斷千里萬里窮之盡之湖絲鳥喙其不可躍
踴皆情境也哉
阿兄絕妙文心不足以狀之接來書及見示諸
什及是觀矣閱畢於座東鄰何時覆於縫
去疾歸來否念切切鐵橋今春忽有
中之月十月間抱病歸來不一月死矣真可堪憐

文章莫妙於言情，而亦莫難於言情，不知情生文，文生情？要之，情至則文至，强顔爲笑，不戚而呻，豈有情耶？昨歲京邸一時萍聚，淋漓跌宕，忽而莊論，忽而諧語，便是極天下之至文。覺河梁贈别兩人意中情事，尚有不能互相傾吐者，不過假結髪以明恩愛，聊言别離之狀，豈若我輩今日中外一家，浩浩落落，無不盡之懷耶！尝謂真氣不死，真情不斷，千里万里，窈窈默默，游絲裊空，不可蹤跡，皆情境也。非
阿兄絶妙文心不足以狀之。接來書及見懷諸什，如是觀矣。聞患冷疝，未知何時霍然？能去疾務盡否？念切，念切！鐵橋今春忽有閩中之行，十月間抱病歸來，不一月死矣。真堪慟

絶此間中昔日力阻而鐵橋直於文今為友人所
序本竟不用吾言，泣嗟何及，而生固是有數
庵竟不次儀，恩便老令人百念俱灰，惠海東坡
令惜為之哀辭也 歟摩入都未遂，弟家居已
一年矣，荊肉草草，辛發信萬珍重不備
卷壺老弟文席
丁亥十二月朝
愚弟陸飛 頓首

## 哭鐵橋

千里迢迢攜跬遠遊，甚謀不用更誰尤。
遺留剩筆都成讖，摩雨音風未是愁。
竟天王學堪懷哭，難攜謝朓只擡頭。
一書真不同生死，魂斷句驪朝雁秋。

絶！此行弟苦口力阻，而鐵橋迫於父命，爲友人所牽率，竟不用吾言，泣嗟何及！死生固是有數，電光石火，倏忽便盡，令人百念俱灰，想海东故人均爲之長號也。秋庫入都未返，弟家居已一年矣。并聞，草草率覆，倍万珍重，不備。

養虚老兄文席。

丁亥十二月朔

愚弟陸飛頓首。

哭鐵橋

千里無端賦遠遊，吾謀不用更誰尤。遺箋剩筆都成讖，瘴雨盲風未是愁。

竟夭王濛堪慟哭，難携謝朓只搔頭。

一書真个關生死，魂斷句驪朝雁秋。

養雲先生安啓

庭筠再拜謹白

養雲先生師席使星至得

請札辭旨酸楚益增存沒之感鐵橋既化

去不見蔭歡者於今三年

並不相隔萬里終身無合并之時休休先生

又復仙遊而湛軒憂在衰服之中洪學士

榮列玉堂亦無是期順義君雖仍來日下

［皮封］養虚先生安啓

庭筠再拜謹白

養虚先生師席：使星至，得

清札，辭旨酸楚，益增存没之感。鐵橋既化

去，不見筱飲者於今三年，

足下相隔萬里，終身無合并之時，休休先生

又復仙逝，而湛軒憂居衰服之中，洪學士[一]

榮列玉堂，亦無見期。順義君[二]雖仍來日下，

〔一〕洪學士：洪檍，字幼直，謚貞簡，本貫南陽，朝鮮王朝後期文臣。一七六五年以冬至使書狀官身份出使中國。

〔二〕順義君：李烜，號睡隱，朝鮮王室宗親，善草書。一七六五年朝鮮冬至正使。

尚未謀一晤回憶城南舊遊恍同隔世舊
雨晨星殊深惆悵涕安得不流鬢安得
不素耶所作鐵橋哀辭文工而意甚可
謂不忘死友者當即寄其兄九峰先生長
吟於鐵橋墓門之前俾死者知之也比來
近狀何似闔府並獲佳勝否　弟年來留滯
都門學殖荒落內觀宦者之儀外遊風
塵之苦吟咏都廢無足為
故人道者幸
高明教之　又恩

尚未謀一晤。回憶城南舊遊，恍同隔世。舊雨晨星，殊深惆悵，涕安得不流，髮安得不素耶！所作鐵橋哀辭，文工而意苦，可謂不忘死友者。當即寄其兄九峰先生，長吟於鐵橋墓門之前，俾死者知之也。比來近狀何似，闔府並獲佳勝否？弟年來留滯都門，學殖荒落，内闕定省之儀，外逐風塵之苦，吟咏都廢，無足爲

故人道者，幸

高明教之。又思

足下天懷高妙琴書跌宕詩酒蕭閒
如李青蓮蘇子瞻一輩人目中未見其
匹碩詩以窮而益工品以貧而益堅則于今
日之梅聖俞石曼卿也但不治生產至使
家人交謫亦未為賢士中行之道還宜料
理園田有之所是雖近鄙陋然陶徵士亦云
衣食固其端不是高雅如陶公亦未嘗以
三旬九食為賢者若當如是而後可也

足下天懷高妙，琴書跌宕，詩酒蕭閒，如李青蓮、蘇子瞻，一輩人目中未見其匹；顧詩以窮而益工，品以貧而益堅，則又今日之梅聖俞、石曼卿也。但不治生産，至使室人交謫，亦未爲賢士中行之道，還宜料理園田。弟之所見，雖近鄙陋，然陶徵士亦云衣食固其端，可見高雅如陶公，亦未尝以三旬九食爲賢者必當如是而後可也。

高明以爲如何耶

賜青箋垂感

高誼愧無展敬歉仄奚似外附輓

休二先生詩二章并辭香清茗兩於神

次一奠〻餘不宣弱再拜

二月朔日[illegible]下

高明以爲如何？承

貽青箋，重感

高誼，愧無展敬，歉仄奚似。外附輓

休休先生詩二章，并瓣香清茗，可於神

次一奠之。餘不宣。筠再頓首。

二月朔日燈下

此養虛翁遊燕京時與杭州貢士嚴誠潘庭筠陸飛諸人相唱酬及歸後往復帖也余謂數子可以驕養虛翁者不一中國人一也文章為天下選二也書畫絶藝三也其學術不得與之遊雖未知其所趣如何以其所與養虛觀之要皆尊仁好義博雅君子也養虛詩固好然賴數子者推揚之真若出於己右不然殆終身無名矣處乎可驕之地言辭旨意之間何其無絲毫簡忽也養虛祖 清陰公彼皆明遺民尤其所貴重者耶嚴生才尤高而夭惜乎聞潘已達為學士陸未第因已自放江湖間觀其詩筆獨蒼勁不取媚豈其效嚴

此養虛翁遊燕京時與杭州貢士嚴誠、潘庭筠、陸飛諸人相唱酬及歸後往復帖也。余謂數子可以驕養虛翁者不一，中國人一也，文章爲天下選二也，書畫絶藝三也。其學術不得與之遊，雖未知其所趣如何，以其所與養虛觀之，要皆尊仁好義，博雅君子也。養虛詩固好，然賴數子者推揚之，真若出於己右，不然殆終身無名矣。處乎可驕之地，言辭旨意之間，何其無絲毫簡忽也！養虛祖清陰公，彼皆明遺民，尤其所貴重者耶。嚴生才尤高而夭，惜乎！聞潘已達爲學士，陸未第，因自放江湖間，觀其詩筆，獨蒼勁不取媚，豈其效歟？嚴

生在閩中時書及詩篠飲所謂識也其終始相與之義可以感
鬼神及其死潘陸相與爲訃閩中去此萬餘里國法絶禁私書
異國猶存歿相寄音不斷篤於友道至此乎世之厚己而薄人處
近而忌遠有所求而友者觀乎是帖皆可以少媿矣後隨使之燕
者得與潘公見皆以養虛故見待終未有得其款曲如養虛者
養虛之胸懷固自有以服人也哉限於偏邦雖不得與數子者
遊猶幸得寓目於是帖謹次所用 清陰先生韻相和者並錄而歸之
問子何年逐使旌南州選士與相經今來一髮無餘黑海外千山只自青
固擬傳聞騎省賦堪嗟落去子陵星遙知洒化相思淚總入東風作雨冥

白牛陽月望日

朱溪翁羅子晦書

二千張

生在閩中時書及詩，篠飲所謂讖也。其終始相與之義，可以感鬼神。及其死，潘、陸相與爲訃。閩中去此萬餘里，國法絶禁私書異國，猶存殁相寄，音不斷，篤於友道至此乎！世之厚己而薄人，處近而忘遠，有所求而友者，觀乎是帖，皆可以少媿矣。後隨使之燕者，得與潘公見，皆以養虛故見待，終未有得其款曲如養虛者，養虛之胸懷，固自有以服人也哉。限於偏邦，雖不得與數子者遊，猶幸得寓目於是帖，謹次所用清陰先生韻相和者，竝録而歸之。

問子何年逐使旌，南州選士與相經。今來一髮無餘黑，海外千山只自青。

固擬傳聞騎省賦，堪嗟落去子陵星。遥知洒化相思淚，總入東風作雨冥。

白牛陽月望日　　朱溪翁羅子晦書

二十張

# 清朝名家書牘

嘉慶十五年庚午

怡堂先生舊珍藏書

完

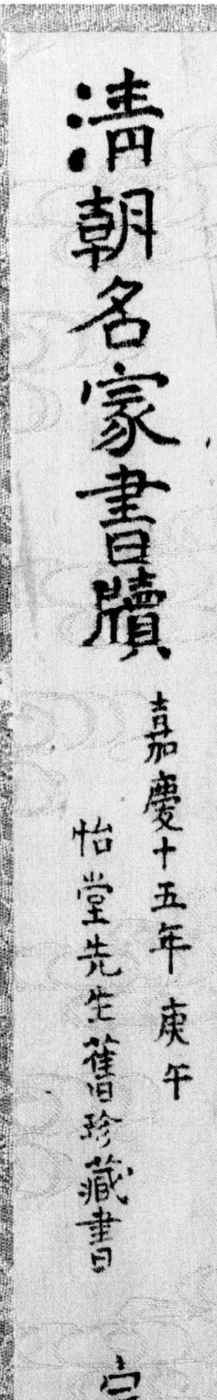
清朝名家書牘
嘉慶十五年庚午
怡堂先生舊珍藏書
完

清朝名家書牘

嘉慶十五年庚午
怡堂先生舊珍藏書

完

曹玉水尺牘　怡堂藏

外物一笔并呈

金將如仁兄手披

弟曹玉水拜

曹玉水尺壹　怡堂藏

［皮封］金穆如[一]仁兄手披

外物一包并呈

弟曹玉水拜

［一］金穆如：金善民（一七七二—一八一三），字希天，號穆如，清山金善臣兄。一八〇四年以冬至兼謝恩正使金思穆的伴黨出使中國，在北京與曹江、李鼎元等清人結交。當時書狀官元在明撰《芝汀燕記》中有相關記載。

頃奉

手示並藥飯之惠，謹日可亡向

先生乞乾蘇米一兩之，謝惠

雅集自當清與羨之，再商

速卜先生日有至何館之，謝任

畢向尚當冗不去少遲即搬

冗，遠後至此，俟再至於寓

頃奉
手示並葯飯之惠，盛何可言。聞
兄今日就蘇米齋之約，想
雅集自多清興，羨羨。弟與
廷卜兄今日有玉河館之約，但
早間尚多冗，不知少遲能撥
冗趍候否？此復。弟玉水頓首。

前日始得相會于玉兄吟榭而
敬仰人敬同寅均如于昨日作
竟日聚談而圍棋也　季
先生發隆之約予亦欲以再
明也十三日　去左　蘇元生上石
詩輕進特此奉白　玉兄　手白

前約明早相會于玉水吟舫，而
敝鄉人、敝同寅均約于明日作
竟日聚，俗所謂團拜也。吾
先生叙晤之約可否改以再
明十三日也？知在蘇齋坐上，不
敢輕進，特此奉白。玉水手白。

庚午二月二日致水曹江奉書

穆如仁兄足下除夕之前二日秋史金

公子來袖出

手書洋洋千言

親愛之意溢于言表僕與

君別五年餘矣中心結轖不能自

已而發

庚午二月二日玉水曹江奉書

穆如仁兄足下：除夕之前二日秋史金公子[一]來，袖出手書，洋洋千言，親愛之意，溢于言表。僕與君別五年餘矣。中心結轖，不能自已。而發

一

〔一〕秋史金公子：金正喜（一七八六—一八五六），字元春，號秋史、阮堂、禮堂、果老、天竺古先生等，朝鮮王朝後期文臣，朝鮮金石學家、實學家、書畫家。一八一九年文科進士，歷任判義禁府事、兵曹參判、成均館大司成等職。由於封建統治階級內部鬥爭，一八四〇年至一八四八年流放濟州島，在此期間書法方面取得較大成就，形成蒼勁有力、古拙淳樸的「秋史體」，在經學、金石學等方面亦有突出成就。曾在一八〇九年跟隨其生父冬至副使金魯敬至中國，在北京與清朝學者翁方綱、阮元及其他考據學者結下深厚友誼，歸國後一直書信往來。著有《覃研齋詩稿》《阮堂集》《禮堂金石過眼録》等。

書，恍如面覿，且飭以知
君之學日進也。僕比年命途乖
舛，遭父之喪，又遭殤三兒，窮愁
寢革，日甚于前。書來
根源致喬沈識，可僕之尊
論語、以三子爲課務，歐僕思之
天之將老斯才，固日遏邪？少壯

二

書悦如面覿，且就以知
君之學日進也。僕比年命途乖
舛，遭兄喪，又連殤三兒，窮愁
寂莫，日甚于前。前書奉
報，迺致喬沈，誠可嘆也。辱
諭諄諄，以立身爲務。顧僕思之
天之欲老斯才果何過耶。少壯

二

不可久恃。僕行年三十四，躓秋闈，
上無以顯親揚名，下無以繼繩
前業，脫如此終身，豈不虛生此
人哉？此所以中夜驚心，莫敢自逸
也。至于榮名，來氏所慕，然致身
朝宁，又何敢望？唯唯吶吶流流，僕備員
大理平反五年于茲，郎官無所見
三

不可久恃。僕行年三十四，躓秋闈，上無以顯親揚名，下無以繼繩前業。脱如此終身，豈不虛生此人哉！此所以中夜驚心，莫敢自逸也。至于榮名，本非可慕，然致身朝宁，又何敢爲唯唯呐呐之流！僕備負大理平事，五年于兹，郎官無所見

三

可否姑自韜晦以待時而動耶
聖躬曾闕可補想亦弟所聞也已
先生將自以斷之　秋史之才持而
謹才大而心細洵爲我輩畏友等
譚了次并叢
先生起居萬福
國學暇在清安

三

可否，姑自韜晦以待時而動。然
聖朝無闕可補，恐亦終無所聞也已。
先生將何以教之？秋史公子學博而
謙，才大而心細，洵爲我輩畏友。筆
譚之次，并悉
先生起居万福，
國學職在清安，

三

强後多問，日有進境，宜乎
來書一字一珠也。此次
史歸，總從遂不復以作之行
目。又僕近校
宮史館，課甚嚴，
日有程限，祇以寸刻布款曲而已。近況
秋文日張代述之，千萬諒僕一一也。奉
呈書箋一捲、楹帖二目、製阿膠一包。
五

强識多聞，日有進地，宜乎
來書一字一珠也。此次
使歸怱促，遂不復以片言污
目。又僕近校宮史，館深綦嚴，
日有程限，祇以寸行布款曲而已。近况
秋史自能代述之，無竢僕一一也。奉
呈書箋一握、楹帖二、自製阿膠一包、

五

川樸金一包、筆四枝、株珠一串，物輕意不重，惟
足下笑存之。下次
足下東渡，此圖寄去之便，望為仰一
順候
近祉。臨穎惡々　弟黄江頓首上
稼如仁兄先生足下

作此書時東已鳴將入暇，忙忙不了

川欝金一包、筆四枝、椒珠一串，物輕意重，惟
足下數存之。下次
使來，彼此圖寓書之便也。切仰，切仰。
順候
近祉。臨穎戀戀。愚弟江拜啓上。
穆如仁兄先生足下。

六

作此書時，車已駕，將入館，怱艸艸不一。

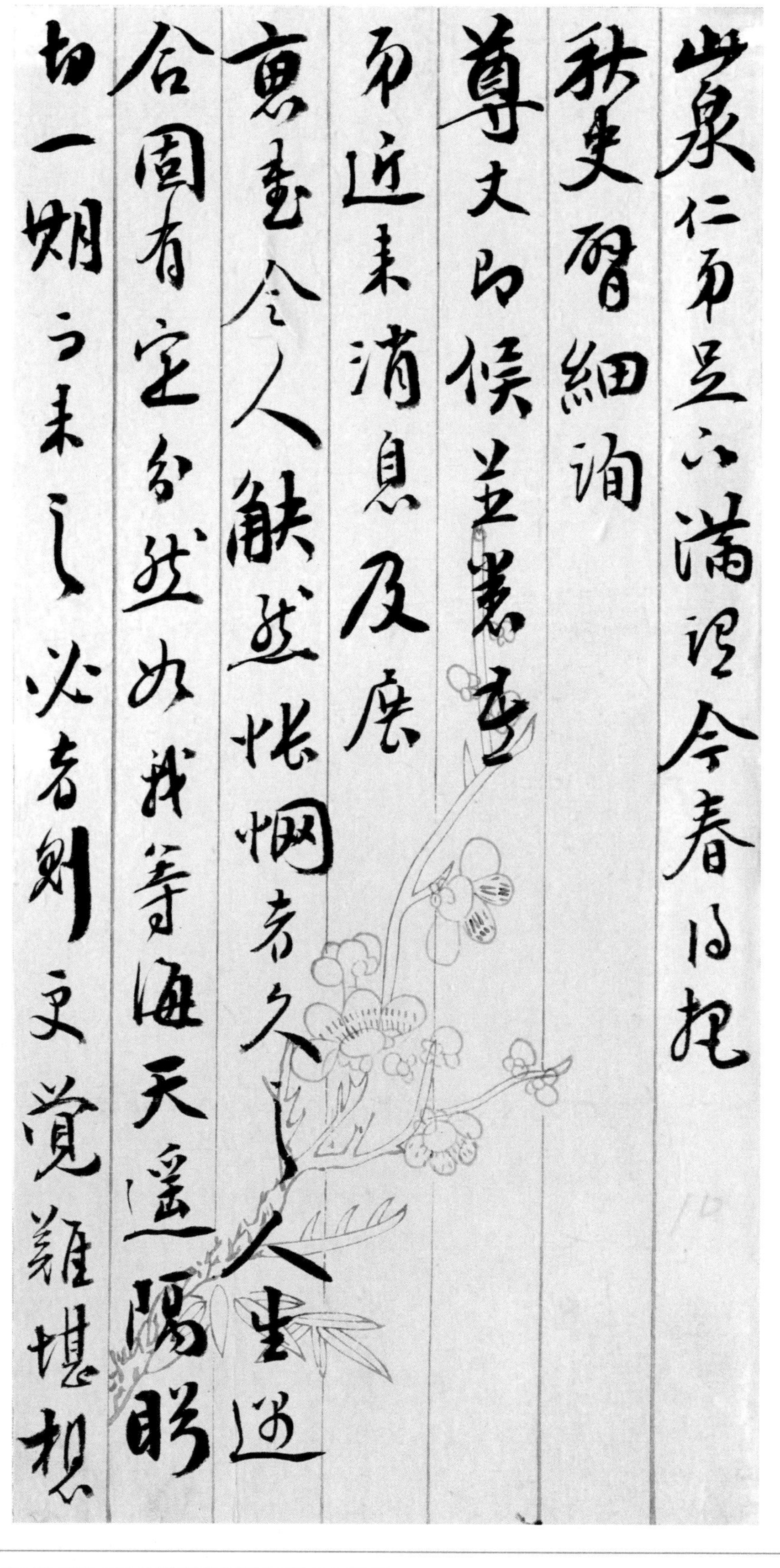

山泉[一]仁弟足下：滿謂今春得把

秋史臂，細詢

尊丈即候，並悉吾

弟近來消息，及展

惠書，令人觖然悵惘者久之。人生遇合，固有定分，然如我等，海天遥隔，盼切一期而未之必者，則更覺難堪。想

〔一〕山泉：金命喜（一七八八—一八五七），字性源，號山泉，秋史金正喜弟，朝鮮王朝後期書法家，善詩文、書法。一八一〇年進士，任弘文館直提學、江東縣令。一八二二年隨其父冬至正使金魯敬至中國，與清朝學者劉喜海、陳南淑、吴嵩梁、李璋煜等名士交友。其寄贈劉喜海的朝鮮金石拓本，對劉氏編撰《海東金石苑》幫助甚多。

秋史曲　方六同志情也蓋
待餘曇安大慰之承
與參我文言過乎實猥如是答年金
石交不得不屬乎斷之語共實自是以
待猥如耶去
補蔭大臺奉職自以勤慎為本入官
讀畫學二理花月因緣大足誤人之四

秋史與弟亦同此情也。悉侍餘曼安，大慰，大慰。承譽我文，言過其實。穆如是昔年金石交，不得不膺其弟清山[一]之請，其實何足以傳穆如耶？知補蔭，大喜，奉職自以勤慎爲本，入官、讀書無二理，花月因緣大足誤人。兄四

〔一〕清山：金善臣（一七七五—？），字季良，號清山，與金正喜、金命喜兄弟交好。一八〇五年閏六月曾出使至中國瀋陽，結交繆公恩。一八一一年以朝鮮通信使書記身份出使日本，與日本文人古賀精理、草場佩川、猪飼敬所等人交流。一八二二年又以冬至正使金魯敬軍官身份至中國，與金命喜同行，並在北京與吴崇梁、曹江、葉志詵、李璋煜等清人交往。

十以迴悔之二已晚矣今歲付典以名列上攷在此數日內引對或晉一階得補好職以去則西而筆會遠矣奈何之筆帽瑞畫明年可文翰人所書必救我也附上曹全碑一史任帖一古柏一叢蒼以上碑林所拓又黃質五枚舊畫拓作一幅佳

十後迺悔之，亦已晚矣。今歲計典，兄名列上考，在此數日内，引對或晋一階，恐補外職以去，則與弟輩愈遠矣。奈何，奈何。笠帽錢畫，明年可交鞠人所，當必致我也。附上《曹全碑》一、《坐位帖》一、《古柏行》一，悉舊日過碑林所拓。又黄管五枝、舊書拙作一幅，使

再者我兄況令殘紙數十番皆手所

有以伴自不足醉　畫箋一紙早寄了了並附去了

璃意于草草一忙甚將毫無芬請

並上尊丈福安即詢

秋吏仁兄

山泉仁兄

先生近祉不一一

四月廿四

玉秋書江再八

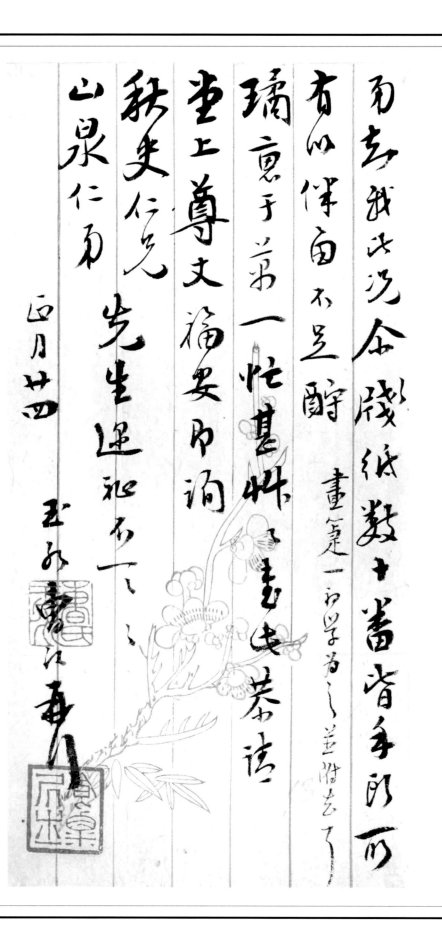

弟知我此况尔。牋紙數十番，皆手頭所
有，以伴留，不足酧 畫箑一，初學爲之，並附去耳。
璠惠于萬一。忙甚，艸艸書此，恭請
堂上尊丈福安，即詢
秋史仁兄　先生迩祉。不一，不一。
山泉仁弟
正月廿四　玉水曹江再拜。

山泉仁弟閣下 人日

手書如覿

芝宇即當

侍奉安吉兄弟怡怡天倫至樂欣羨欣羨

尊公周甲以申賀謹呈家藏舊畫

一軸並綴祝語由世姪仰呈年

秋史兄供事之間猶事揮灑頃得

書聯等撥發弟再贈之緣 從來得

山泉仁弟閣下：人日得
手書，如覿
芝宇，即審
侍奉安吉，兄弟怡怡，天倫至樂，欣羡，欣羡。
尊公周甲，無以申賀，謹呈家藏舊画
一軸，並識祝語，與些物仰呈耳。
秋史兄供奉之閒，猶事揮灑，頃得
書聯等拱璧。第再晤之緣，總未得

展江從駿西歸六載于茲好還之期似
在二三年中矣若再蹉跎從事于觀令
人悵悵菊人已還好駿兩然未知見所去
秋挈眷出京至今尚無信來廣文甚
冷未由知其駐足之想
閣下聞之同此悵惘此行中申翠微
奉判丈人行也而願亦及李園經上回
此間庭訊兩良快快故及之翩于懷者石

展。江供職西垣，六載于兹，外選之期，似在一二年中矣。若再蹉跎，終乖良覿，令人悢悢。菊人[一]已選外職而姑未知何所，去秋挈眷出京，至今尚無信來。廣文官冷，末由知其駐足，想閣下聞之，同此悵惘。此行中申翠微[二]參判文人行也，而願下交，李周經[三]亦同此周旋，新雨良快，故交之觸于懷者，不

〔一〕菊人：周達，字菊人，清乾嘉時期學者，翁方綱門人，與朝鮮文人金魯敬、金正喜、金命喜、權復仁等人交遊。

〔二〕申翠微：申在植，字仲立，號翠微，朝鮮王朝後期文臣。純祖五年（一八〇五）進士，歷任大司諫、知經筵事、吏曹判書、大提學、實録摠裁官等要職。一八二六年以冬至副使燕行，一八三六年以冬至正使燕行，與清朝汪喜孫、李璋煜等人交往甚密，編撰《筆談》，記録與清人交流内容。著有《翠微集》。

〔三〕李周經：李鳳寧，朝鮮文士。一八二六年與洪良厚一同跟隨申在植出使中國。

頃已上巳春來人事多擾並值病魔殊
乏佳況並擬
去已笠帽誅畫下為姑來乃好人生
聚散之緣未始自主脫或稍遲俛仰
有由矣　蘭濱先生集已盥讀竟乞上
交即頌
侍餘曼福並候
賢昆玉佳安不宣　玉水書梅啓

能已已也。春來人事多擾，兼值病魔，殊無佳况足報

知己。笠帽錢畫，下冬能來乃妙。人生聚散之緣，未能自主。脱或外選，凭信無由矣。《蘭溪先生集》已盥讀。忩此上

復，即頌

侍餘曼福，兼候

賢昆玉偕安。不宣。玉水曹江拜啓。

頃奉

兩公來悒悒之悵然莫能達以及再以

其緣相見和四之月確乎則海天

茫茫悵悵悒悒無雁矣蕉庭以茗壽

訪於館次鄭人之之悵亦藉以達

清心元硯印

文蕉庭頓首

頃奉

兩公書，悒悒之懷，非筆能達。明及再明，無緣相見，初四之行確乎？則海天茫茫，惟憑魚雁矣。燕庭〔一〕明當專訪於館次，鄙人之懷亦藉以達。清心元望即交燕庭。而吾

〔一〕燕庭：劉喜海，字吉甫，號燕庭，山東諸城人，叔祖父即劉墉。嘉慶二十一年（一八一六）舉人，累官汀州太守、四川按察使、浙江布政使。嗜金石之學，善鑒賞，工詩文，是道光咸豐年間著名的金石學家、藏書家、錢幣學家，著有《古泉苑》《長安獲古編》《海東金石苑》。

清山之茶則眼神粗蔓茶當差
茶自珍赖别矣自言穢也見
之以杖以次失来猶也
与可我再然次不宜
清山兩住作之令觀而以再行
山泉
来墨及烟极飲誠之

清山之恙，則服神粬姜茶當差，善自珍攝，别矣何言。穆如兄之行狀，下次使來，務望寄我耳。忩次，不宣。

清山
山泉兩位仁兄仝覽。弟江再拜。

东墨及烟拜領，謝謝。

陸山先生文讀
春盡及　移如川收之人惘惘
妻兒老稚而不發辭而直
中依收為之即屬因直人
盡以也與年
呈六弟姻來　張述佳川手啓

清山足下：讀
來書及穆如行狀，令人惘惘。
委作志銘石，不敢辭，如直
中依狀爲之，即屬同直人
書以寄奉
足下，第媿未能述佳行于萬

一七見同直李中丞　玉璋受
之有小紙一本伊自有跋也
簋一[illegible]簋四[illegible][illegible][illegible]甚志文
如何用刻石設法拓本多些為
十數來以便[illegible]　揚　忙不宣
清山足下佳安　　玉頓首

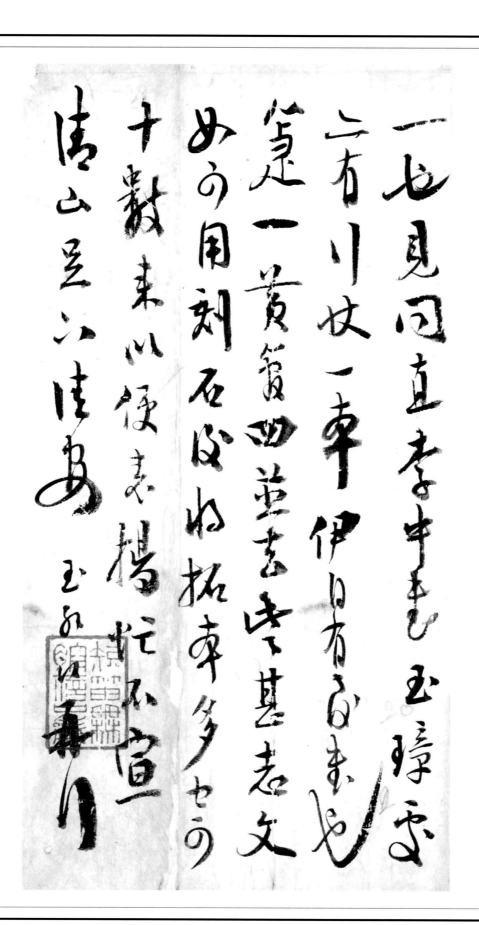

一也。見同直李中書玉璋處亦有行狀一本，伊自有復書也。箋一、黄管四，並去些甚。志文如可用，刻石後，將拓本多寄十數來，以便表揚。忙，不宣。

清山足下佳安。　玉水江再拜。

金秋史宅

印章一 明何雪漁手製

篆石刻一

蘇石刻一

畫冊一

筆二

墨二 筆墨皆予所製

以上六種內筆墨乞留

李研雲紹之

正喜上

金秋史宅

印章一明何雪漁手製　翁石刻一

蘇石刻一　画册一

筆二　墨二筆墨皆弟自製

以上六色内筆墨乞與

李研雲分之。　玉水具。

山泉仁弟大人年啓

玉水再拜

小画一軸　黄葺五枝
對笺四幅　壽扇一柄　並呈

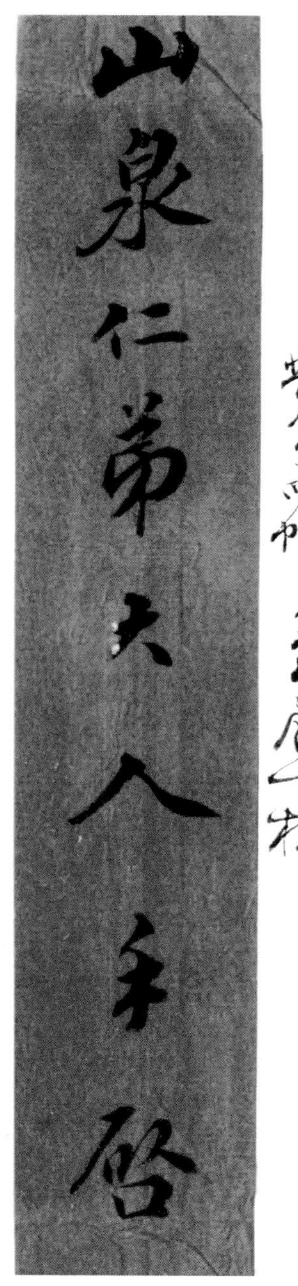

外

画一軸　黄管五枝

對箋四幅　書扇一柄

並呈

［皮封］山泉仁弟大人手啓

玉水再拜

# 中士尺牘

中士尺牘

中士尺牘

中士尺書

怡堂收藏

中士尺壹

怡堂收藏

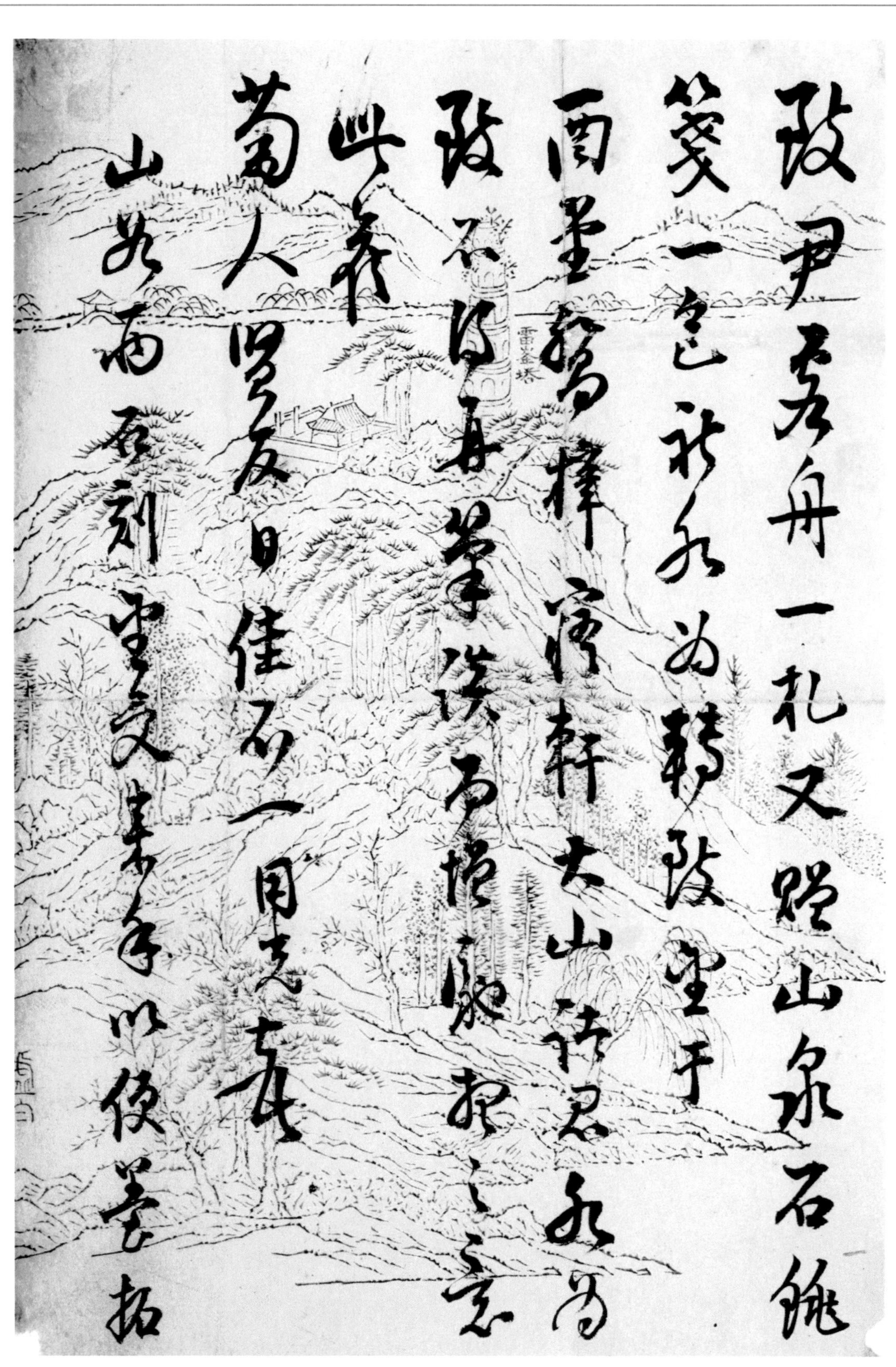
雷峯塔

致尹客舟一札，又贈山泉石銚

箋一包，祈各爲轉致。望于

酉堂[一]、鴛梓、㾭軒[二]、大山諸君各爲

致，不得再筆談而增馳想之意。

此候

菊人賢友日佳，不一。用光頓首。

山谷兩石刻，望交來手，以便墨拓。

[一] 酉堂：金魯敬（一七六六—一八三七），字可一，號酉堂，朝鮮王朝後期文臣。祖父爲朝鮮國王英祖婿月城尉金漢藎，父金頤柱，子金正喜、金命喜等。歷任大司憲、判義禁府事、敦寧府事等要職。一八〇九年以冬至兼謝恩副使、一八二二年以冬至兼謝恩正使身份，兩次燕行。第一次其長子金正喜隨行，第二次其次子金命喜隨行，在北京與翁方綱、吴嵩梁、葉志詵、汪喜孫、劉喜海、劉栻、周達、陳用光等衆多清朝文人交流。金魯敬善書，有《新羅敬順王殿碑》《神懿王后誕降舊基碑》等流傳。

[二] 㾭軒：金啓温（一七七三—一八二三），字玉如，號㾭軒，朝鮮王朝後期文臣。正祖二十二年（一七九八）進士，歷任玉堂、三司、大司成、吏曹參判等官職。一八二二年以冬至兼謝恩副使燕行。有《㾭軒卧遊録帖》流傳。

清山先生足下近在月汀處獲觀 二
來翰敬以閱之前輩執筆書奉
座右 餘姚黃南雷先生經學理學忠臣孝子名宗羲字太沖謂明人講學襲語學出於蕺山慎密平實白沙寬以孝 名于世
錄之糟粕不以六經為根柢束書而從事於游談故
問學必先窮經術經術所以經世不為迂儒之學必
兼讀史又謂讀書不多無以證理之變化多而不
求於心則為俗學全謝山集
衡陽王薑齋先生經學理學忠臣孝子名夫之字而農著 張獻忠陷衡州設偽官招夫之夫之走匿南岳賊執其父為質夫之引刀自刺舁父出
周易詩經稗疏其言不信陳摶之學亦不信京房之學

魏環溪先生名象樞祀賢良祠重經學端士習議云夫人有真學問然後有真心術有真心術然後有真品誼然後有真文章真幹濟其大原皆本於六經
湯文正公名斌祀聖廟荅顧亭林書云先生品高學博國家典制郡邑掌故天文厤象河漕兵農之屬無不洞悉原委坐而言起而可見諸行事真當今第一有用儒者也承諭近日學者溺乎空虛無當最中今日流弊
朱文端公名軾祀賢良祠儒傳序云漢儒拾殘經於灰燼之餘有功於道術不小晉唐如范甯孔穎達之徒類能發明經義以輔翼聖教

清山先生足下：近在月汀〔一〕處獲觀來翰，敬以聞之前輩，執筆書奉座右。餘姚黄南雷先生〔二〕名宗羲，字太冲謂：「明人講學，襲《語録》之糟粕，不以六經爲根柢，束書而從事於游談。故問學必先窮經術，經術所以經世，不爲迂儒之學，必兼讀史。」又謂：「讀書不多，無以證理之變化，多而不求於心，則爲俗學。」《全謝山集》衡陽王薑齋先生〔三〕名夫之，字而麓〔四〕著

---

〔一〕月汀：李璋煜（一七八四—一八五七），字方赤，一字禮南，號月汀，山東諸城人。嘉慶庚辰進士，授刑部主事，後升遷四川司郎中、廣東布政使。有《洗冤録辨證》《視已成事齋官書》《月汀詩文集》《律例撮要》等傳世。與朝鮮文士金正喜、金命喜、洪良厚等人交往。

〔二〕本頁行間夾注應是後人爲信中人物所作，爲不造成行文混亂，現將夾注移至此處注釋。以下夾注皆同此處理。原夾注：經學、理學，忠臣孝子。學出於蕺山，縝密平實，白父冤，以孝名于世。

〔三〕原夾注：經學、理學。張獻忠陷衡州，設僞官，招夫之，夫之走匿南岳。賊執其父爲質，夫之引刀自刺，易父。忠臣孝子。

〔四〕麓：訛字，應作「農」字。

《周易詩經稗疏》，其言《易》，不信陳摶之學，亦不信京房之學。〔一〕

〔一〕欄上注：魏環溪先生【名象樞，祀賢良祠】重經學，《端士習議》云：「夫人有真學問然後有真心術，有真心術然後有真品誼，然後有真文章、真幹濟。其大原皆本於六經。」湯文正公【名斌，祀聖庙】《答顧亭林書》云：「先生品高學博，國家典制、郡邑掌故、天文厤象、河漕兵農之屬，無不洞悉原委。坐而言，起而可見諸行事，真當今第一有用儒者也。承諭近日學者溺于空虛無當，最中今日流弊。」朱文端公【名軾，祀賢良祠】《名儒傳序》云：「漢儒拾殘經於灰燼之餘，有功於道術不小。晉唐如范甯、孔穎達之徒，類能發明經義以輔翼聖教。」

李栗谷先生名珥高麗人理學名臣聖學輯要云若只靜坐而万物自明則孔子何必曰博學於文子思何以道學問乎此不幾于禪學詖淫邪遁之說乎象山既没其學不絶至今

於先天諸圖緯書皆排之甚力而亦不空談元妙付会老莊之旨故言必徵實義必切理其說詩辨正名物訓詁以補傳箋諸說之遺確有依據四庫提要（理學大儒又契正宗之說著思問錄）吳顧亭（忠臣孝子經學）林先生名炎武字寧人謂百餘年來為學者往往言心言性而茫然不得其解也命與仁夫子所罕言性與天道子貢所不得聞性命之理著之易傳未嘗數以語人其答問士則曰行己有恥其為學則曰好古敏求其與門弟子言曰允執厥中四海困窮天祿永終其告哀公明善

於先天諸圖、緯書，皆排之甚力，而亦不空談元妙，附會老莊之旨，故言必徵實，義必切理。其説《詩》，辨正名物訓詁，以補《傳》《箋》諸説之遺[一]，確有依据《四庫提要》。吴顧亭林先生名炎武，字寧人謂：「百餘年來爲學者，往往言心言性，而茫然不得其解也。命与仁，夫子所罕言；性与天道，子貢所未得聞。性命之理，著之《易傳》，未嘗數以語人。其答問士則曰『行己有耻』，其爲學則曰『好古敏求』。其与門弟子言曰『允執厥中，四海困窮，天禄永終』。其告哀公，明善[二]

[一] 原夾注：理學大儒，又契《正蒙》之説，著《思問録》。忠臣孝子，經學。

[二] 欄外注：李栗谷先生【名珥，高麗人，理學名臣】《聖學輯要》云：「若只静坐而万物自明，則孔子何必曰博學於文？子思何必曰道學問乎？此不幾于禪學詖淫邪遁之説乎？象山既没，其學不絶至今。」

之功先之以博學顏子幾于聖人猶曰博我以文自曾子而下篤實無若子夏言仁則曰博學篤志切問近思今之君子則不然聚賓客門人數十百人與之言心言性舍多學而識以求一貫之方置四海之困窮不言而講危微精一是必其道高於夫子而其弟子之賢於子貢也我弗敢知也孟子一書言心言性亦諄諄矣乃至萬章公孫丑陳代陳臻周霄彭更之所問與孟子之所答常在乎出處去就辭受取與之間是故性也命也天也夫子之所

之功，先之以博學。顔子幾于聖人，猶曰『博我以文』。自曾子而下，篤實無若子夏，言仁則曰『博學篤志，切問近思』。今之君子則不然，聚賓客門人數十百人，与之言心言性。舍多學而識以求一貫之方，置四海之困窮不言，而講危微精一。是必其道高於夫子，而其弟子之賢於子貢也？我弗敢知也。《孟子》一書，言心言性，亦諄諄矣。乃至万章、公孫丑、陳代、陳臻、周霄、彭更之所問，与孟子之所答，常在乎出處、去就、辭受、取予之間。是故性也，命也，天也，夫子之所

罕言之而今之君子之所恒言之也出處去就辭受取予孔
孟之所恒言之而今之君子所罕言之也愚所謂聖人之道若
如之何曰博學于文曰行己有恥自一身以至於天下國家
皆學之事也自子臣弟友以至天下國家出入往來辭受
取與之間皆有恥之事也士而不先言恥則為無本之
人非好古多聞則為空虛之學以無本之人講空
虛之學吾見日從事聖人而去之遠也又謂今之理學
禪學也不取之五經論語而但資之語錄不知本矣 亭林集

四五

罕言，而今之君子之所恒言也。出處、去就、辭受、取予，孔孟子之所恒言，而今之君子所罕言也。愚所謂聖人之道者，如之何？曰『博學于文』，曰『行己有耻』。自一身以至於天下國家，皆學之事也。自子臣弟友，以至[一]出入往來、辭受取與之間，皆有耻之事也。士而不先言耻，則爲無本之人。非好古多聞，則爲空虚之學。以無本之人，講空虚之學，吾見日從事聖人，而去之遠也。」又謂：「今之理學，禪學也，不取之五經、《論語》，而但資之《語録》，不知本矣。」《亭林集》

[一] 此處原有「天下國家」，但原文字右側有删除記號，因而删之。以下皆同。

錢唐應潛齋先生（名撝謙，字嗣寅）（徵博學鴻儒不就）殫心理學，以躬行實踐爲主（浙江通志）。不好禪，不喜陸王家言（池北偶談）。於易、書、詩、禮、樂、春秋、孝經、四書，各有著説，又撰教養全書，分選舉、學校、治官、田賦、水利、國計、漕運次河而後鹽法十政（四庫提要）。太倉陸道威先生（名世儀）（儒林傳云：從蕺山講學，主於敦守禮法，不虛談誠敬之旨，主于施行實政，不空爲心性之功）謂天下無講學之人，此世道之衰；天下皆講學之人，亦世道之衰。又謂今所當學者不止六藝，如天文、地理、河渠、兵法，皆切于用世，不可不講（四庫提要）。休寧戴東原先生（名震）（洪榜譔行狀云：先生行己嚴介，不苟然，必絜於情理，不爲矯異之行，事親至孝，抱經濟之才）作原善三篇、孟子字義疏證三卷，皆標舉古義以刊正宋儒所錢唐應潛齋先生[一]名撝謙，字嗣寅以躬行實踐爲主《浙江通志》，不好禪，不喜陸、王家言《池北偶談》，於《易》《書》《詩》《禮》《樂》《春秋》《孝經》《四書》各有著說。又撰《教養全書》，分選舉、學校、治官、田賦、水利、國計、漕運、治河、師役、鹽法十攷《四庫提要》。太倉陸道威先生[二]名世儀謂：「天下無講學之人，此世道之衰；天下皆講學之人，亦世道之衰。」又謂：「今所當學者不止六藝，如天文、地理、河渠、兵法，皆切于用世，不可不講。」《四庫提要》休寧戴東原先生[三]名震作《原善》三篇、《孟子字義疏證》三卷，皆標舉古義，以刊正宋儒，所

---

[一] 原夾注：徵博學鴻儒，不就。

[二] 原夾注：《儒林傳》云：「從蕺山講學，主於敦守礼法，不虛談誠敬之旨，主于施行寔政，不空爲心性之功。」

[三] 原夾注：洪榜譔《行狀》云：「先生行己嚴介，不苟然，必絜以情理，不爲矯异之行，事親至孝，抱經濟之才。」

謂由義故訓而明理義者自宋以來學者或剽竊釋氏之言精
者以說聖經其所謂學不求之於經而但求之於理不求於故訓典
章制度而但求之于心好古之士欲矯其非屢取一名一物屑屑考證
則又煩細而不能通其道於是有漢儒宋儒之分一主於故訓一主於理義
夫豈謂故訓明則古經明古經明則賢人聖人之理義明理義非他存
乎典章制度者也彼歧故訓理義而二之是故訓非以明理義而
故訓何為理義不存乎典章制度勢必流入異學曲說而不自知 儒林傳
足下踐以上理學諸公之說幸采擇焉條詳此承冰不具 甘泉汪喜孫頓首
右諸君子并儒林傳人

謂由故訓而明理義者。自宋以來，學者或剽襲釋氏之言精者以説聖經，其所謂學不求之於經，而但求之於理，不求於故訓典章制度，而但求之于心。好古之士，欲矯其非，釐取一名一物，展轉考証，則又煩細而不能至道。於是有漢儒、宋儒之分，一主於故訓，一主於理義。先生謂：「故訓明則古經明，古經明則賢人、聖人之理義明。理義非他，存乎典章制度者也。彼歧故訓、理義而二之，是故訓非以明理義，而故訓何爲？理義不存乎典章制度，勢必流入异學曲説而不自知。」《儒林傳》

足下詧以上理學諸公之説，幸采擇焉。餘詳山泉書，不具。甘泉汪喜孫狀。

右諸君子并《儒林傳》人。

洪範五行箕子詔周天人之學非小儒所能企
及漢代大儒無如董仲舒生平深于公羊春
秋故能成其學公羊春秋七十子微言天人之
學于是乎在讀春秋繁露天人策知其所蘊
深也後漢永平之際言讖緯者其術濫觴于
乾鑿度諸書其實乾鑿度非若永平以後之
緯非讖緯也若謂緯學萌芽於仲舒然
則箕子亦為漢人受過即清以者此說無為辨之

阮尚書儒林傳序云昔周公制禮太宰九兩繫邦國三曰師四曰儒復於司徒本俗聯以師儒師以德行教民儒以六藝教民分合同異周初已然矣數百年後周禮在魯儒術為盛孔子以王法作述道與藝合兼備師儒顏曾所傳以道兼藝游夏之徒以藝兼道定哀之間儒術極醇無少差繆者此也我朝諸儒好古敏求各造其域不立門戶不相黨伐束身踐行闇然自修自周魯師儒之道可謂兼古昔所不能兼者矣又承秦弊儒籍入漢復興雖黃老刑名猶復淆雜迨孝武盡黜百家公卿大夫士吏彬彬多文學之士矣司馬班范以儒林立傳敘述經師家法授受雖于周禮師教未盡克兼然名儒大臣匡時植教朝秉綱常士敦名節拯衰銷逆多歷年所

甘泉汪喜孫作

《洪範五行》，箕子詔周天人之學，非小儒所能企及。漢代大儒無如董仲舒，生平深于《公羊春秋》，故能成其學。《公羊春秋》，七十子微言，天人之學，于是乎在。讀《春秋蕃露》《天人策》，知其所蘊深也。後漢哀、平之際，言讖緯者，其術濫觴于《乾鑿度》諸書。其實《乾鑿度》非若哀、平以後之緯邪説横行也。若謂緯學萌芽於仲舒，然則箕子亦爲漢人受過耶？清山有此説，亟爲辯之。

甘泉汪喜孫作[一]

[一] 欄外注：阮尚書《儒林傳序》云：「昔周公制礼，太宰九兩繫邦國，三曰師，四曰儒。復於司徒本俗，聯以師儒。師以德行教民，儒以六藝教民。分合同异，周初已然矣。數百年後，周礼在魯，儒術爲盛。孔子以王法作述，道与藝合，兼備師儒。顔、曾所傳，以道兼藝。游、夏之徒，以藝兼道。定、哀之間，儒術極醇，無少差繆者此也。我朝諸儒好古敏求，各造其域，不立門户，不相党伐，束身踐行，闇然自修。周、魯師儒之道，可謂兼古昔所不能兼者矣。」又云：「秦弃儒籍，入漢復興，雖黄老、刑名猶復淆襍。迨孝武盡黜百家，公卿、大夫、士、吏，彬彬多文學矣。司馬、班、范，以儒林立傳，叙述經師，家法授受。雖于周礼師教未盡克兼，然名儒大臣，匡時植教，朝秉綱常，士敦名節，拯衰銷逆，多歷年所。」

世有通於詩韻而不善道性情者亦有講訓詁名物不通義理不能將於性情鄙棄之久矣 凌仲子其人不足重不以人廢言

三斯先生足下昨奉上復禮三篇所以答

來書之意大約誠意正心修身齊家治國平天下之大道莫備於禮大學固禮記之一篇其

要皆從五倫做起不從事於倫常空

談性理正恐言之紀綱之維繫乎

民與諸君子言而互觀之諸君子亦補互

攬之僕固四海論文者相期於行不在

說三千里外不勝企佇 焦循 書

譬如詩道情性人之者於韻也求其講明字義此止於

講明字義而已訓詁名物亦猶者於韻乃發之

三斯[一]先生足下：昨奉上《復禮》三篇[二]，所以答來書之意。大約誠意、正心、修身、齊家、治國、平天下之大道，莫備於《禮》。《大學》固《禮記》之一篇，其要皆從五倫做起。不從事於倫常，空談性理，正恐言之非艱，行之維艱耳。凡與諸君子書可互觀之，諸君子亦补互攬之。僕固四海論交者，相期躬行，不在口説。三千里外，不勝企往。喜孫頓首。[三][四]

---

[一] 三斯：洪良厚，字一能，又字漢佐，號三斯、寬居，湛軒洪大容孫，長遠洪薳子。曾任宜寧縣監、天安郡守，退隱故鄉終老。一八二六年跟隨叔父冬至副使申在植以子弟軍官身份燕行至中國，當年同行者有李鳳寧（字周經，號汾西）。在北京欲尋與祖父洪大容天涯知己之交的嚴誠、潘庭筠、陸飛的後代，卻未能如願。但結交李璋煜、許乃賡、李伯衡、汪喜孫、王筠等人，歸國後仍有書信往來。

[二] 原夾注：凌仲子其人不足重，不以人廢言。

[三] 右欄外注：世有熟於詩韵而不善道性情者，亦有講訓詁名物不通義理、不能躬行者，僕鄙弃之久矣。

[四] 左欄外注：譬如詩道情性，人之看詩韵者，求其講明字義，非止於講明字義而已，訓詁名物，亦猶看詩韻耳。詧之。

道光七年正月廿七日奉

三斯先生足下

同人燕集所陳說大氐從同〻鄉人推重仲

舒〻意可知鄉人所學在此仲舒深于公羊

春秋天道王道莫備於此再覽他經益廣〻

所聞以擴〻其識即此可以用世可以明道

本朝顧亭林第一大儒所著文集日知錄尤

肆所有不可不讀公羊已贈　羽琴公可取讀之

又合意編六呈　翠屏處及同志諸〻又有曹陵

堂詩集同郡詩人亦足士奉政惟為送琉重表而去

喜孫合於闓玉齋金漢石之館

道光七年正月廿七日奉

三斯先生足下：

同人燕集，所陳説大氐從同之。鄙人推重仲舒之意，可知鄙人所學在此。仲舒深于《公羊春秋》，天道、王道莫備於此。再覽他經，益廣所聞，以擴其識。即此可以用世，可以明道。本朝顧亭林，第一大儒，所著《文集》《日知録》，書肆所有，不可不讀。《公羊》已贈翠公[一]，可取讀也。又《合意編》亦呈翠公，願与同志證之。又有《夢陔堂詩集》，同郡詩人，亦疋士，奉政，惟爲道珎重。喜孫頓首。

喜孫作於周玉齋金漢石之館。

---

〔一〕翠公：申在植。參看前文注。

丁亥正月奉

周僅先生

喜孫白前在東鄉小屋一間衆客紛擾之地
閣下暫来片刻以翠公在座未得坐譚少刻
翻若驚鴻遂成長別越日祁生道
閣下為人足絶又稱書法似閣帖昨月汀傳
来教云〻鑑于人〻倫看才有識他人屢譚宴
而不察其真乃一經會面洞然相柢知人不易
閣下益廣所以蔚為大儒幸甚〻〻前日少作叢
道及媿〻近所蘊蓄不能著為文章亮之不宣　喜孫白
祁生集奉去　鑑之　祁穪初集　夢陵集何如

丁亥正月奉

周經[一]先生：

喜孫白，前在東卿[二]小屋，一間衆客紛擾之地，閣下暫來片刻。以翠公在座，未得坐譚少刻，翻若驚鴻，遂成長別。越日，祁生[三]道閣下爲人疋絶，又稱書法似閣帖。昨月汀傳來教云云。鑑于人倫，有才有識，他人屢譚宴而不察其真，乃一經會面，洞督根柢，知人不易。閣下益廣所見，蔚爲大儒，幸甚，幸甚。前日少作蒙道及，媿媿。近所藴蓄，不能著爲文章，亮之。不宣。喜孫白。

祁生集奉去，鑑之。視《稻孙集》《夢陔集》何如？

---

[一] 周經：李鳳寧，字周經，號汾西，朝鮮文士。一八二六年與洪良厚一同跟隨申在植出使中國。

[二] 東卿：葉志詵（一七七九—一八六三），清朝學者、藏書家，字東卿，晚號遂翁、淡翁。貢生出身，嘉慶九年（一八〇四）入翰林院，官國子監典簿，升兵部武選司郎中，後辭官歸。學問淵博，遊翁方綱、劉墉門下，長於金石文字之學。著作主要有《詠古録》《識字録》《稽古録》《平安館詩文集》《簡學齋文集》等。與朝鮮文士金正喜、金命喜、李尚迪、李鳳寧等人交往。

[三] 祁生：祁寯藻（一七九三—一八六六），字叔穎，一字淳甫，避諱改實甫，號春圃、息翁。清朝大臣，三代帝師，擔任過道光、咸豐、同治三位皇帝的老師。嘉慶十九年（一八一四）考中進士，歷任翰林院編修、軍機大臣、左都御史、諸部尚書、體仁閣大學士、太子太保。一生集詩三千餘首，自編《䜭䜘亭集》《䜭䜘亭後集》，被尊爲道光年間詩壇領袖。有《祁寯藻集》。

周經先生足下讀 詒檝具徵集思廣益儻非偏立
漢儒依從兩漢史冊所載諸儒阿諛取容者可以為我
輩之鑑經所以修者可以為我輩之法四海論交千
里取友雖異域尚同一體何況仲舒康成久從祀
孔廟者朱子亦甚尊崇之今乃尊崇朱子于朱
子所尊崇者詆毀之朱子若在左右其許之
乎孔子竊比老彭又數稱周任諸人之言
足下以為漢儒內亦有老彭周任其人乎 癸々 嘉劭

翠堂 三斯 樓史 山泉 清山 均鑑 癸々 韋海 我為之名示
一札
丁亥二月一日

十二

周經先生足下：讀詒械，具徵集思廣益。僕非偏主漢儒，伏以兩漢史册所載諸儒，阿諛取容者可以爲我輩之鑑，經明行修者可以爲我輩之法。四海論交，千里取友，雖异域尚同一體。何况仲舒、康成，久經祀孔廟者，朱子亦甚尊崇之。今乃尊崇朱子，于朱子所尊崇者詆毁之，朱子若在左右，其許之乎？孔子竊比老彭，又數稱周任諸人之言，足下以爲漢儒内亦有老彭、周任其人乎？督之。喜孫頓首。

翠公、三斯、秋史、山泉、清山均鑑督，幸誨我焉。乞各示一札。

丁亥二月一日

丁亥正月廿六日山東王筠再拜致書於

清山先生史座　僕東海之鄉人也家世與[illegible]潛學鄉

薦春官不第旅食京華與李月汀編修見

先生注復簡牘文筆書法之美如驊騮八駿馳四荒也如

輕舟順風沿江河而東也如龍跳虎臥不可端倪而

任天機之自動也　僕之生平實所罕見而此次獨未

與月汀通問詢之記室洪君一誠方為

令先先生緬礼之故此尤古誼今人雖難知而能行者向

慕之私不能已已　惟

先生不棄薄學竊所未喻爰不揣冒昧致於左右李

丁亥正月廿六日，山東王筠再拜致書於

清山先生史座。僕东海之敝人也，豪無學識，濫竽鄉薦，春官不第，旅食京華，与李月汀締交。備見

先生往復簡牘，文筆書法之美，如駕八駿馳四荒也，如輕舟順風沿江河而东也，如龍跳虎卧不可端倪而任天機之自動也。僕之生平，實所罕見。而此次獨未與月汀通問，詢之記室，洪君一能[一]知爲

令兄先生緬礼之故，此尤古誼，今人誰能知而能行者！向慕之私，不能已已。惟

先生不喜漢學，竊所未喻，爰不揣冒昧，獻疑左右，希

弌

[一] 洪君一能：洪良厚，字一能。參看前文注。

鑒察焉竊惟學問之道經路必嚴而門戶不可
分何也孔子既言矣孟子時則有楊墨以及莊列仙
釋各以術鳴皆亂蕩平之路於而吾道之蠹賊也故君
子辟而闢之至於本枝百世同承太宗不能無肥瘠長
短之不同顏雖不請肖其祖而要以繼述為志即未能底
於純粹而窮其精力必有獨造之端語乃能自壽於將
來學者讀其書考其行事但當取長棄短以求有益於
己不宜存門戶之見而是丹非素也竊謂有天地以來凡四
經混沌矣初之混沌天運也五帝開闢也其三皆人事也
於周末孔子開闢之於秦漢儒開闢之於五季宋

十四

鑒察焉。竊惟學問之道，徑路必當嚴，而門户不可分，何也？孔子即言異端，孟子時則有楊墨，以後莊列仙釋，各以術鳴，皆非蕩平之路，而吾道之蟊賊也，故君子辟而闢之。至於本枝，百世同承大宗，不能無肥瘠長短之不同，貌雖不皆肖其祖，而要以繼述爲志，即未能底於純粹，而窮其精力，必有獨造之詣，乃能自壽於將來。學者讀其書，考其行事，但當取長弃短，以求有益於己，不宜存門户之見，而是丹非素也。竊謂有天地以來，凡四經混沌矣。初之混沌，天運也，五帝開闢之也。其三，皆人事也：於周末，孔子開闢之；於秦，漢儒開闢之；於五季，宋

式

儒開闢之稍息於元明而我
朝右文稽古羣儒乃擇兩朝之精以昌前聖之緒如徐健
菴朱可亭陸清獻湯文正顧亭林戴東原諸先生
學行諸醇後先相望故知漢儒著書所以闡孔子之道
也宋儒未嘗厚詆漢儒朱子且稱康成為好人而不為
背同者亦以闡孔子之道也道何寄寄之於器禮樂制度
器也即身心亦器也第影響於形而上者為異端第模
擬於形而下者為俗學孔子於二代斯無所謂心法也必
曰夏禮殷禮而文觀於周室何百廿國寶書故所定
諸經詩以達志書以道事春秋以道義即此為性命

儒開闢之。稍衰於元明，而我

朝右文稽古，群儒乃擇兩朝之精，以昌前聖之緒，如徐健菴、朱可亭、陸清獻、湯文正、顧亭林、戴东原諸先生，學行皆醇，後先相望，故知漢儒著書所以闡孔子之道也。宋儒未嘗厚詆漢儒，朱子且称康成爲好人，而不爲苟同者，亦以闡孔子之道也。道何寄？寄於器，礼樂制度器也，即身心亦器也。第影響於形而上者爲異端，第攟摭於形而下者爲俗學。孔子於二代別無所謂心法也，必曰夏礼、殷礼，而又觀於周室，得百廿國寶書，故所定諸經，《詩》以達意，《書》以道事，《春秋》以道義，即此爲性命

三

之書旨已惟大易探賾索隱窮極幼眇而實本於八卦自然之象非於實事事物物有神奇耳一爻畫而乾坤無通形象以至於神無不寓焉知極於道者幾無非道也知限於幾於道豈非幾也是在功力之所詣何如耳漢儒言象數浸假至於游魂歸魂飛伏世應之穿鑿王輔嗣黜而無之又陷於談玄積習二程子以傳義主於理朱子始端其失而兼象數以成本義至儀禮經傳通解則全宗康成是宋儒未嘗廢漢儒也且使漢無康成則今日或不得見六經非高密生傳士禮十七篇而淹中所出五十六篇康成未嘗作注

之圭旨已。惟大易探賾索隱，窮極幼眇，而實本諸八卦自具之象，非於實事之外别有神奇，即一户也。而乾坤變通形象，以至於神，無不寓焉。故知極於道者，器無非道也；知限於器者，道無非器也。是在功力之所詣何如耳。漢儒言象數，浸假至於游魂、歸魂、飛伏、世應之穿凿。王輔嗣舉而空之，又陷於談元[一]積習。二程子作傳，第主於理。朱子始矯其失而兼象數，以成《本義》；至《儀礼經傳通解》，則全宗康成。是宋儒未嘗廢漢儒也，是使漢無康成，則今日或不得見六經。如高堂生傳《士礼》十七篇，而淹中所出五十六篇，康成未爲作注，

四

〔一〕元：應作「玄」，避康熙名諱玄烨之「玄」字，故改之。

其傳於今者數十語而已大抵見於鄭記鄭注宋吳淑事類賦猶引用一二語而王伯厚即已不見此書設康成爲之作注今亦當與儀禮並重也設康成不爲諸經作注恐至今日亦與緯中同佚也雖聖道不絕綫縷而亦必殘闕失次補綴爲難康成注書用孔傳注詩用毛傳讀取其說傳古文前白向室一等惟注易用無師之費氏說他家或攬去元弩悔此而費獨存康成深學必有所見其爲古文也田焦二家之易齊魯韓三家之詩齊論之問王知道二篇康成不注今遂諸亡其亦幸而俱亡小儒猶得易其嚮向也其亦不幸而亡後人不見程朱四讀點爲家而獨用康成所傳

其傳於今者，數十語而已，大抵見於《戴記》鄭注。宋吴淑《事類賦》猶引用一二語，而王伯厚即已不見此書。設康成爲之作注，今亦當与《儀礼》並重也；設康成不爲諸經作注，恐至今日亦与淹中同佚也。雖聖道不能滅絶，而亦必殘闕失次，補苴爲難。康成注《書》用孔傳，注《詩》用毛傳，皆取其能傳古文，别[一]白而定一尊。惟注《易》用無師之費氏，然他家或脱去「无咎悔亡」而費獨否，康成深識，必有以見其爲古文也。田、焦二家之《易》，齊、魯、韓三家之《詩》，《齊論》之《問王》《知道》二篇，康成不注，今遂皆亡。其亦幸而俱亡，小儒猶得專其蘄向也；其亦不幸而亡，後人不見程、朱罷黜百家，而獨用康成所傳

五

[一] 此處疑脱一「黑」字。

之未快然於康成之為純儒也要之其亡者諸康成之力今猶存者諸康成之功宋儒不得而掩之也且漢經師亦能其立身行政何如乎如其孝乎惟孝友于兄弟施于有政此先儒經術也先儒理學也即將談仙釋於家公者猶將教學之外甚言紛不和繼言則鄙而已矣鄭之本末諸有可觀焉既於宋儒所注經於名物攷詳於宋儒標以談理殺無其專宋儒必非前無所承而覓討之爲難其在今日則爲異矣譏而并擯之也蓋漢儒詳於小學宋儒詳於大學合之則雙美離之則兩傷後世小學既廢少年以俗學錮其聰明有志者於功令科名之後乃隨其汲汲持之所追於

之本，曉然於康成之爲純儒也。要之，其亡者皆康成之力，今猶存者皆康成之功。宋儒不得而掩之也。且談經者亦顧其立身行政何如耳。如其孝乎，惟孝友于兄弟，施于有政，此真經術也，真理學也。即好談仙釋如顏魯公者，猶將敬愛之，如其言行不相讎，則僞而已矣。鄭之本末皆有可觀，無媿於宋儒。所注經於名物既詳，故宋儒據以談理，設無其書，宋儒必恨前無所承而蒐討之爲難。其在今日不得與異端而并擯之也。蓋漢儒詳於小學，宋儒詳於大學，合之則雙美，離之則兩傷。後世小學既廢，少年以俗學錮，其聰明有志者，於既得科名之後，乃隨其資材之所近，各

起于漢宋之途，以致不合。元明以来已久，按為漢學必猜

閱讀漢難，托其言而冒托宋學者止道得人同此心之

同此理二語，更不須讀五子書。大抵實事於漢學者必

積讀實事於宋學者必因陋隨而其談心性尤易流於

空疏。明末諸人往往先學釋而後學儒，既儒而猶雜

以釋。識得宋學易為其疏者所托者也。僕讀

先生所為經說，持論絕醇，與漢司馬相如、班固之徒並驅上

下，而著於書者無不讀矣，而亦嚴於漢學。僕識感之。僕

籍隸安邱縣，康成之墓在邨東境之不遠，年晚以頻

於鄉先輩而祖護之也。夫於漢宋儒書所讀之甚

赴于漢、宋之途，以故不合不公，其來已久。然爲漢學必博聞强識，難托空言；而冒托宋學者，止道得「人同此心，心同此理」二語，更不須讀五子書。大抵膚末於漢學者必拘墟，膚末於宋學者必孤陋，而空談心性，尤易流於禪定。故明末諸人往往先學釋，而後學儒，既儒而猶雜以釋，誠以宋學易爲空疏者所托宿也。僕讀

先生所爲賦，沈博絶麗，与漢司馬相如、班固之徒，雲龍上下，蓋於書無不讀矣；而亦嚴拒漢學，僕誠惑之。僕籍隸安邱縣，康成之墓在縣东境之礪阜，然非以其爲鄉先輩而袒護之也。素於漢、宋儒書所讀無幾，

不宜尚此云云冒瀆

賢者既寵以賜覆以閱其筆墨也故歸質其墨帳中

長言以垂教焉則謹甚並成二律以請左右

傳譯賠同煥大文敢從容工得知　君胄羅星宿唐

歸筆走龍蛇右軍惆悵同時翻阻湖海羅

來有區分歸田更不隨星使長向蓬瀛望白雲

觚生遲解少知文恨我生年云燧巢閱有大宗承五

子將錢盡夢飲三文緇憐松菊辭彭澤終見旌旗贊

後郊知否曲鐵磁肩引先從尾尹閻瞻第

不宜爲此空言，冒瀆

賢者。然冀得賜覆，以開其茅塞也。故布露其愚，惟希盡言以垂教焉，則感甚。並成二律以詒左右。

倬漢昭回煥大文，欣從帋上得知君。胸羅星宿唐韓愈，筆走龍蛇晉右軍。惆悵同時翻間阻，溯洄疆吏有區分。歸田更不隨星使，長向蓬瀛望白雲。

鯫生迂僻少知交，恨我生年異燧巢。聞有大宗承五子，將無噩夢飲三爻。縱憐松菊辤彭澤，終見旌旗賁後郊。知否曲鍼磁冐引，先從詹尹問璚茅。

八

周經兄足下曩聚於月汀家，足下以語錄之謬而欲識其淺
也。先民有言之者，忘其姓氏矣。解經之書，以孔子十翼爲其鼻祖。宋雅雅傳
爲周公作，正恐未必，惟是雅其言也忘其姓依諸了。彖象文言諸傳，各注也；彖小象繫辭說卦序卦雜卦
諸傳，總雜注也。有前者太牢來學只依語也，紀言之書在野其以曾子而
祖在野其以論語爲祖，諸子學有語錄也。後之解經，其自漢至宋未
嘗少變。其難惟漢注古雅，每有一語而窮取與於經相似。其宋則罕
見其要之世運，則係其國焉，及其後將之力乎盡於紀言之書。宋釋獨治釋氏
之名其目，先不雅而屠文更爲一雅之目。後爲理學，其大率類此。是先以語氣浸
淫其心，而雜其與經訓相渫洽，不亦痛轢而此轍乎。且朱子語類，門人所作也，
後人自若之書，乃不讀文集或問，而獨讀語類，則將自抑於君子，其猶人
也。文則未之首讀乎，則將曰性道可得而聞矣，文章獨不可得而聞乎。
足下現以爲非，是有志於漢學也耶。貴郡諸君漢學識恐寡不勝衆

周經兄足下：曩聚於月汀家，足下以語録之體爲非，誠卓識也。先民有言之者，忘其姓氏矣。解經之書，以孔子十翼爲鼻祖。《爾雅》雖傳爲周公作，正恐未必，惟是雅者正也，亦無俗語耳。彖、象、文言諸傳分注也，繫辭、説卦、序卦、雜卦諸傳總注也。有韵者，太半未嘗有俗語也。紀言之書，在朝者以《尚書》爲祖，在野者以《論語》爲祖，皆未嘗有俗語也。後之解經者，自漢至宋，未嘗少變其體。惟漢注古雅，多有一語而窮形盡相与經相似者，宋則罕見。如委之世運，則儒者固無反古復始之力乎？至於紀言之書，宋獨沿釋氏之名，其目先不雅，而屬文更無一雅言。自後爲理學者大率類此。是先以俗氣浸灌其心，而欲其与經訓相浹洽，不亦南轅而北轍乎？且《朱子語類》，門人所作也。後人自著之書，乃不法《文集》《或問》而獨法《語類》，則將曰躬行君子，吾猶人也，文則未之有得乎？則將曰性道可得而聞，夫子之文章獨不可得而聞乎？足下既以爲非，是有志於漢學也。然貴邦皆斥漢學，誠恐寡不勝衆，

而志不能堅，則諸者說以堅之。宋儒惟二程子獨守經要，乃見弟子讀史
則呵其記誦爲玩物喪志，於此以此爲訓，則流入禪宗之
虛寂矣。我朱子於先秦兩漢諸子百家下及青烏醫卜之書，何所
不讀？世傳參同契注亦朱子作而託名於此，嗚呼，此其所以爲朱子乎！世
与世附和於擅人与人智於積，我生千載之下，古之爲聖其說而人而賢
爲儒其說而人甚已不啻千百，我能於一人自其一長，則我之長亦有
千百也，是亦可目也，是不煩苦心極慮而坐收千人之智也。彼抱一
先生之說而終之，其不適形其隨手且無惟隨而已，亦安能自其精乎？中
國講漢學者，詆排宋學也，所以擬樑宋學，宋學其之契也，蓋自學者
閒衷於明之叢，厭閒上之其道，於下焉清守其諸於爲借宋儒以文
其固陋而實與之背馳，有楊升菴其徒偏於博且多附會論者
謂其以家晚是嘉富不能窮，衣喫飯此偽漢學者也。顧亭林先生出

而志不能堅，則請有説以堅之。宋儒惟二程子獨守經書耳。見弟子讀史，則呵其記得許多翰墨，亦以爲玩物喪志，如必以此爲法，則流入禪宗之虚寂。若我朱子，於先秦兩漢諸子百家，下及青烏醫卜之書，何所不讀？世傳《參同契注》，亦朱子作而託名者。嗚呼，此其所以成爲朱子乎！世与世，時相嬗；人与人，智相積。我生千載之下，古之爲聖者若而人，爲賢、爲儒者若而人，蓋已不啻千百。我能於一人得其一長，則我之長亦有千百也，是飛耳長目也，是不煩苦心極慮而坐收千人之智也。彼抱一先生之説而終之者，不適形其陋乎？且豈惟陋而已，亦安能得其精乎？中國講漢學，非敢鄙夷宋學也，所以矯株守宋學者之弊也。蓋自學問衰於明之萬厤間，上無道揆，下無法守，空談相高，借宋儒以文其固陋，而實与之背馳。有楊升菴者，徒侈於博，且多附會，論者謂其如窮兒暴富，不曉穿衣喫飯，此僞漢學也。顧亭林先生出

旁乃偶為實學而設之君子倡起而從之是曾未於宋學為中
國已有之製而曾未於漢學亦中國已有之製而今乃欲效其實際
其截也余竊意為學之道當先破門戶之見其之為漢宋學其各傳其
長各論其短互相抵牾幾為仇讐其亦不值一笑矣日月之食衆與
人共見之為之諱者古人必謂為倍矣推友也猶以道自任當篤攻其短不
惜其長以道論人當篤取其長不見其短然是而後為之已之學獨是為
之於舉國不為之時則其勢孤惟立為信由己之志者猶學篤志之功注
必有誇自負起而和之其至則是以自樂並以教子孫也夫韓昌黎之文一
藝耳猶待百年之後歐陽文忠乃始好之是以孔子欲之後世之名緣
是下見求不能作雅俗當講而為此論雖而不合欲其說之繼興於
何斐鵑覺何以開其錮疾為則幸甚　弟郎某王韜
一號惠藥樹　待讀道何適足不復另札

焉，乃倡爲實學，而後之君子迭起而修明之。是膚末於宋學，爲中國已有之弊，而膚末於漢學，亦中國已有之弊，而今乃登其堂，嚌其胾也。竊意爲學之道，當先破門户之見。世之爲漢、宋學者，各伸其長，各諱其短，互相抵牾，幾如仇讎，其亦不值一笑矣。日月之食，樂与人共見之，爲之諱者，古人必斥爲佞臣、損友也。然以道自修，當第攻其短，不恃其長；以道論人，當第取其長，不見其短。如是而後，爲「爲己」之學。獨是爲之於舉國不爲之時，則其勢孤。惟立爲仁由己之志，盡博學篤志之功，德必有隣，自多起而和之者，否則足以自乐，足以教子孫也。夫韓昌黎之文，一藝耳，猶待百年之後，歐陽文忠乃能好之。是以孔子愛没世之名。緣足下見愛，不欲作離别常語，而爲此强酢而不舍，如其説之紕繆者，仍望賜覆，以開其錮疾焉，則幸甚。安邱弟王筠頓首。

一能惠箋，祈傳語道謝，適冗不及另札。

函儀

清山仁兄書祉如

書並

東多珍尚之荛石建釉二盒書

封五十年寄懇之不為作伎行

漢希不宣　弟連寄

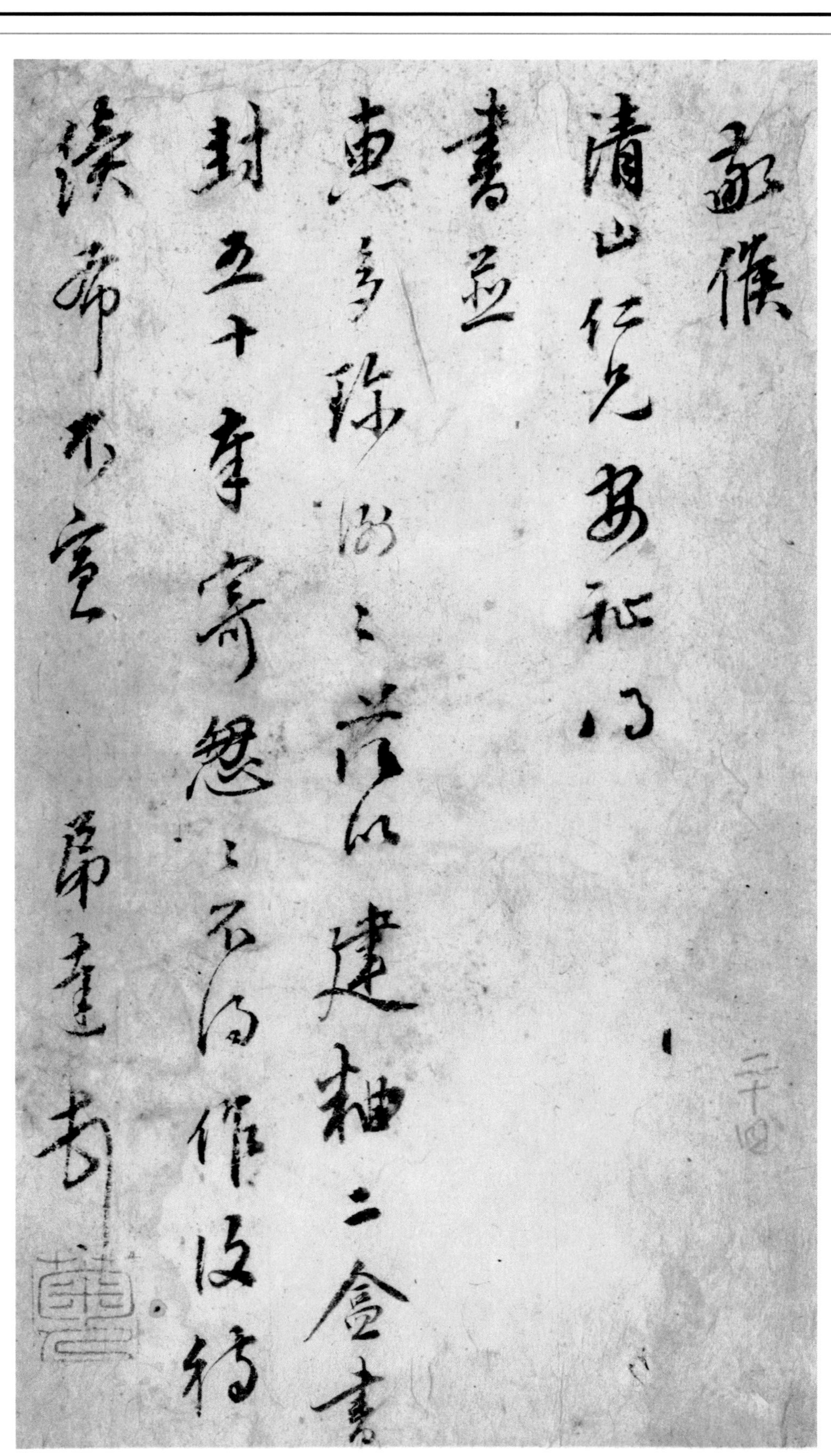

敬候

清山仁兄安祉，得

書並

惠多珎，謝謝。茲以建紬二盒、書

封五十奉寄，忽忽不得作復，待

續布。不宣。　弟達頓首。

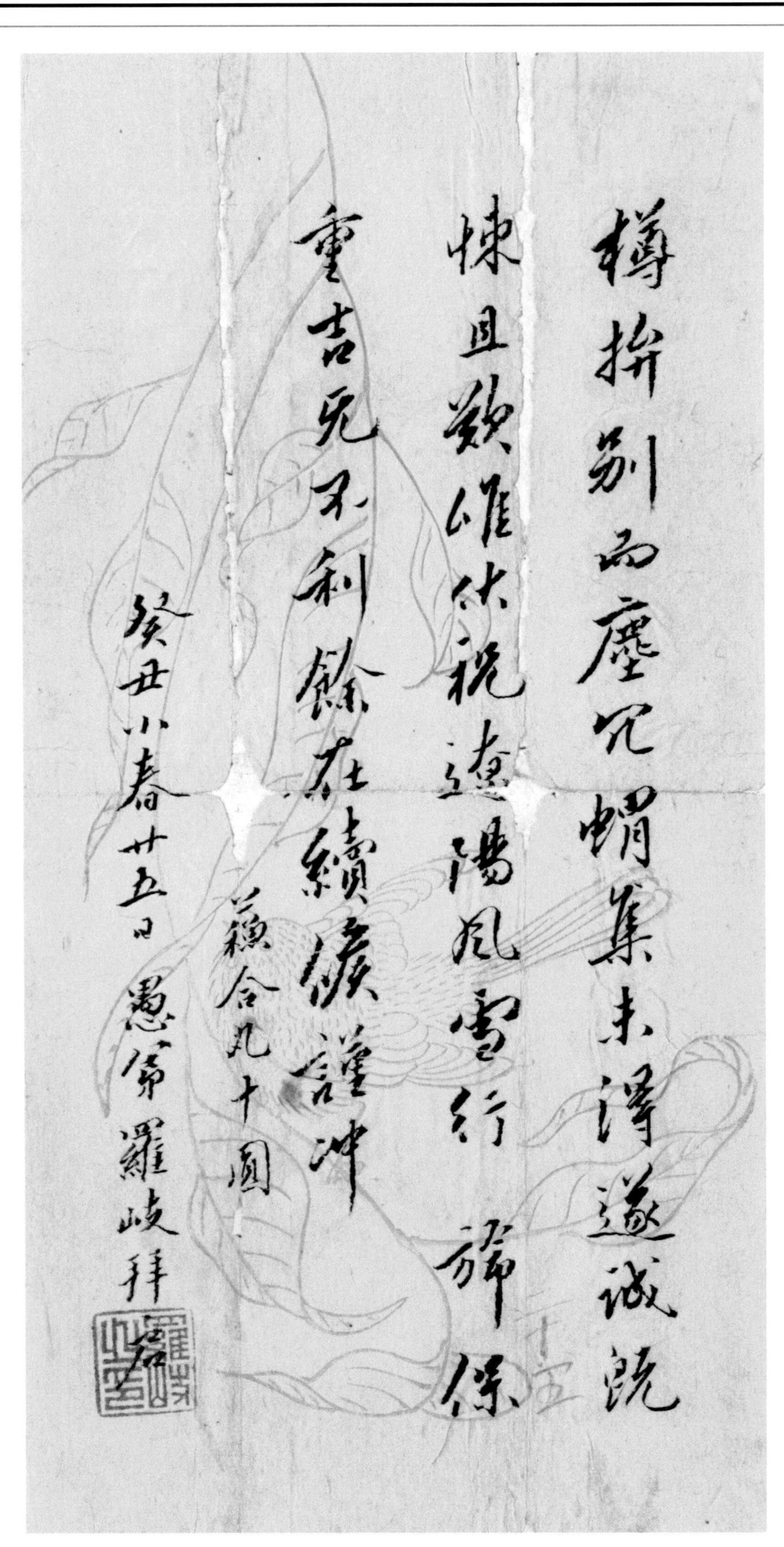

樽拚别而塵冗蝟集未得遂餞疏悚且歉惟伏祝遼陽風雪行旌保重吉兄不利餘在續候謹沖

蘇合丸十圓

癸丑小春廿五日　愚弟羅岐拜

樽捹别而塵冗蝟集，未得遂誠，既悚且歉。唯伏祝遼陽風雪行旆保重，吉无不利。餘在續候。謹冲。

蘇合丸十圓。

癸丑小春廿五日　愚弟羅岐拜启。

昨承
深譽殊覺汗顏粗扇二柄蒙
賜書畫可稱墨寶已什襲藏之矣又蒙
惠扇一柄仰悉不恭執
照之下心益葵傾謝謝昨
命寫扇一柄今遣小徒奉
趙外具粗扇一柄再祈
哂存此啟云

昨承
謬譽，殊覺汗顔。粗扇二柄，蒙
賜書畫，可稱墨寶，已什襲藏之矣。又蒙
惠扇一柄，卻恐不恭，拜
登之下，心益葵傾，謝謝。昨
命寫扇一柄，今遣小徒奉
趙。外具粗扇一柄，望祈
哂存，非敢云

敬聊以表意而已倘蒙不棄再來此地時祈
降敝館一話何必以後會無由爲悵〻也草此
佈
覆
學山先生史席旅顏神馳
補蘋計覽丑
右
首肎
金清山先生同此致謝不□
蓉江先生同此致意

敬，聊以表意而已。倘蒙不棄，再來此地時，祈

降敝館一話，何必以後會無由爲悵悵也。草此

佈

覆

學山先生史席。臨穎神馳。

補旃許肇忠頓首。八月廿六日

金清山先生同此致謝。

蓉江先生同此致意。不具。

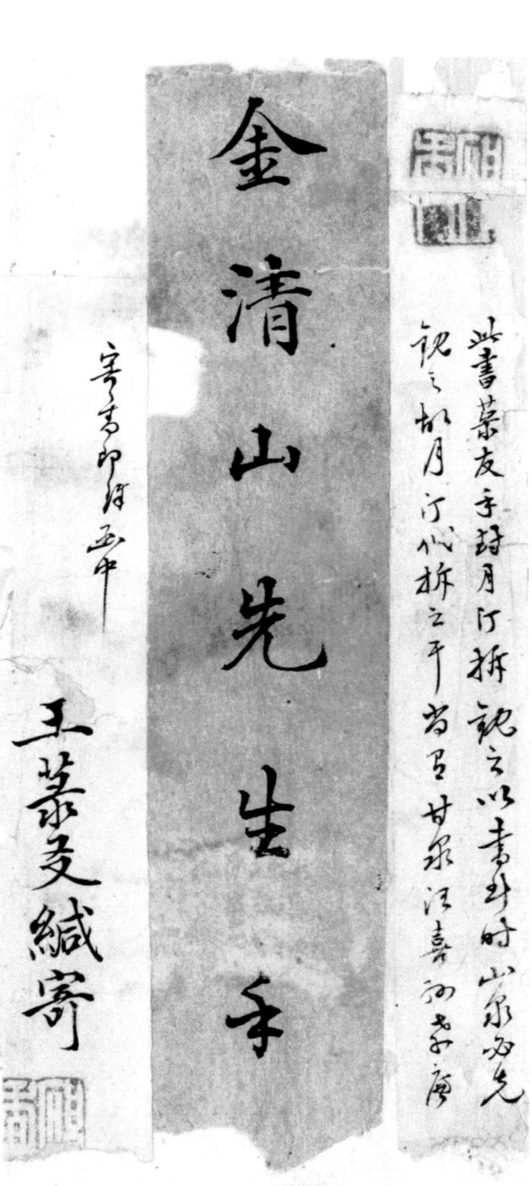

此書蓀友手持月汀拆視之以書對時山泉為先
視之於月汀心拆之乎當呈甘泉汪喜孫老手序

金清山先生手

寄至寓即得　五年

王蓀友緘寄

此書菉友手封，月汀拆觀之，以書到時，山泉必先觀之，故月汀代拆之耳。當有甘泉汪喜孫孝廉。

［皮封］金清山先生手

寄封，即珠函中。

王菉友緘寄

林芷堂二十九歲小照

林芷堂二十九歲小照

韓國藏清人尺牘合集

# 海外墨緣

下

——清代中朝士人交往尺牘

千金梅　丁小明　編撰

復旦大學出版社

# 中朝學士書翰録

邵亭道園兩先生往復書

高宗二十九年壬辰

中朝學書翰錄
邵亭道園兩先生往復書
高宗二十九年壬辰

# 中朝學士書翰録　邵亭、道園兩先生往復書[一]

高宗二十九年壬辰[二]

[一] 邵亭：金永爵（一八〇二—一八六八），字德叟，號邵亭，朝鮮王朝後期文臣，領議政金弘集父。一八三八年蔭補靖陵參奉，憲宗二十三年（一八四三）文科進士，歷任吏曹、户曹、禮曹、兵曹參判，以及漢城副左尹、漢城副右尹、司憲府大司憲、弘文館提學、開城府留守等職。一八五八年十月以冬至副使燕行，與程恭壽、葉名澧、吴昆田、張丙炎等清朝名儒結交，歸國後仍有書信往來。其著作有《邵亭稿》《清廟儀禮》等傳世。

道園：金弘集（一八四二—一八九六），金永爵子，初名宏集，字敬能，號道園、以政學齋。高宗四年（一八六七）文科進士，一八八〇年以修信使派往日本，攜回黄遵憲《朝鮮策略》、鄭觀應《易言》，對當時朝鮮的開化政策産生深遠影響。朝鮮爲平定壬午軍亂與日本、清朝簽訂《濟物浦條約》時，金弘集被任命爲全權副官，負責協商具體事務。其後歷任總理交涉通商事務、領議政兼軍國機務處總裁官、總理大臣等職，幾次建立内閣，促進内政改革。其著作有《以政學齋日録》《修信使日記》《金總理遺稿》等。

書名及小字注應是製作尺牘帖時後人題寫的，其實並非邵亭金永爵與道園金弘集兩父子之間的往來書信，而是兩人所收到的清人書信，其中金永爵十四封，金弘集一封。小注容易産生誤會，特此説明。

[二] 高宗二十九年壬辰：一八九二年。《中朝學士書翰録》中有一封清朝趙廷璜寫給朝鮮金弘集的書信，寫信時期大概是一八九二年，其餘書信都是清人寫給金永爵的信，在一八五八年至一八六四年間。封面上的此年號應該是根據寫信日期最晚的趙廷璜書信，表示本尺牘集裝幀時期。

（朱文鈐印）高麗大學校藏書[一]

[一] 此爲高麗大學圖書館藏書印。

卯亭仁兄大人閣下：正月間寄函并湖絲茶葉

四事與壽詩四幅，唯未得趙桂齋呈想已

鑒及。昨奉

惠書，乃與李枕泉學士屢次拜手晤談，藉悉

兄俯仰湖山，退休之暇，頗足自娛，

道體清適，甚慰衷懷。

二姪入庠，弟甚欣慶，從此掇巍科，應請要以承

家學，務切頌祝。三姪功夫尚益精進，四姪翔姪笑

此時尚呷唔學語，未能讀

大著綠李葉之文，沉摯無痛[illegible] 觀齋 元[illegible]

邵亭仁兄大人閣下：正月間寄函，并綢硯茶筆四事，與壽詩四幅，囑來伻趙姓賫呈，想已鑒及。昨奉

惠書，得與李枕泉學士屢次握手晤談，藉諗吾

兄俯仰湖山，退食之暇，頗足自娱，

道體清適，遠懷良慰。

二姪入庠，采芹誌慶，從此掇巍科，歷清要，以承

家學，弥切頌祝。三姪功夫當益精進，四姪解嬉笑，

此時當咿唔學語矣。拜讀

大著祭李[一]、葉[二]二公文，沉摯悲痛，令讀未竟而淚

---

[一] 李：李伯衡（？—一八五九），字夢韶，號雨帆、春帆。曾在一八二六年朝鮮洪大容之孫洪良厚燕行時與其結交，因而認識金永爵，並與之書信往來不斷。一八五八年金永爵燕行時，不巧李伯衡不在京中，未能見面。金永爵得知李伯衡死訊後，撰寫《祭李雨帆河督文》寄給其子李文源，表示哀悼。

[二] 葉：葉名澧（一八一一—一八五九），字潤臣，號翰源，葉志詵之子、葉名琛之兄。道光十七年舉人，歷任内閣中書，同文館、玉牒館幫辦，方略館校對，文淵閣檢閲、侍讀，官至浙江候補道員。博學好古，工詩。與金永爵結交，葉名澧死後，金永爵撰寫《祭葉潤臣觀察名澧文》以表哀悼。

下和吳穋軒二三年者，看潤臣錢兄呼之也。
光祿性情，詩以道性情，性情勝焉，敦厚如此耶。
妻子在，穋軒四清江令，春正二月之變，清江失守，不知存
還得所矣。張午橋揚州人也，已入詞館，四藩惟揚汀鷺南
宮庭錢杞羅入東河帥黃華農幕府，穋軒之作將來郵
致汀鷺。陳少文聞已出京。夢齡之長子名文源，號心傳，前任
戶部郎中，聞此時已納貲為候補觀察矣。其次三兩子名字未
知，其歲官階亦能補。某家去秋居不達，夢齡之艾為弟
先父同年 嘉慶辛酉科 而弟又與夢齡之兩弟同年，某其夢
齡表姪弟王經助祭先兄其親風[illegible]之，某其夢齡世之

飛白齋製

下。和吴稼軒[一]二章，若有潤臣[二]幾欲呼之出也。兄深於情，詩以道性情，故能肫篤敦厚如此。所委交二信，稼軒回清江，今春正二月之交，清江失守，不知其遷流何所矣。張午橋[三]，揚州人也，已入詞館。回籍惟楊汀鷺[四]，南宫應試報罷，入东河帥黄莘農[五]幕府。稼軒之信，將來郵致汀鷺。陳少言[六]聞已出京。夢韶[七]之長子名文源，號心傳，前任户部郎中，聞此時已納賢爲候補觀察矣。其次、三兩子，名字未知，年歲、官階亦茫然。渠寓去弟居不遠，夢韶之父爲弟先公同年嘉慶辛酉科，而弟又与夢韶之兩弟同年，是以夢韶喪歸，弟在彼助祭竟日，亦其親戚招致之答。夢韶之三

〔一〕吴稼軒：吴昆田，初名大田，字雲圃，號稼軒，江蘇清河人，晚清學者。道光十四年舉人，歷任内閣中書舍人、刑部員外郎，因賑災有功，加三品封典。與朝鮮文人多有交往。著有《漱六山房文集》《讀書記》。

〔二〕潤臣：葉名灃。參看前文注。

〔三〕張午喬：張丙炎，字午橋，號榕園，一號藥農，江蘇儀征人。咸豐九年進士，由編修升道員，加鹽運使銜。博雅好古，富收藏，喜吟詠，晚年工篆書。著有《冰甌館詞》，輯有《榕園叢書》。

〔四〕楊汀鷺：楊傳第，字聽臚，號汀鷺，江蘇陽湖人。咸豐二年舉人，與葉名灃、尹耕雲、李汝鈞、吴懷珍等名士交往。咸豐七年再次會試落第，後入東河河道總督黄贊湯幕府。著有《汀鷺遺文》。

〔五〕黄莘農：黄贊湯，字莘農，號徵三，江西廬陵人。道光十三年進士，歷任兵部右侍郎、刑部右侍郎、户部右侍郎、福建學政、河南巡撫、通政使等職。咸豐九年至同治元年任東河河道總督。

〔六〕陳少言：陳翰，號少言、少巖，福建邵武人，清朝畫家。

〔七〕夢韶：李伯衡。參看前文注。

子薦弟不知也少言作亦已將留侯伊秉綬再見蓮舫之
華被逮探獄四五月矣現在此間事大都如此不為若蓮舫
諾則書元氣有可信於蓮舫者蒙亦可為書也尚尚如精
下騎英驥傳雲墨有不得不時之乞假者而必此況
惠書之後與之傳觀耳前
寄部行書所持論均寄去自浙江道枚巡作部傳
至今未收書杭州失守珍印收復而未家殉難三人甚撫
蘅間奉母而逃全家無恙於今年無恙未見此錢來
大石敝虛及鬼鋅之宦於有眉聽之說弟雖未官
守而鋅弟不可離此十數年國內處之為蓮也月夕

子茫乎不知也。少言信亦只好留俟伊來再交。蕙舫[一]無辜被逮繫獄四五月矣。現在此間事，大率如此，不必爲蕙舫惜，剥喪元氣，有百倍於蕙舫者。蓉翁[二]尚書亦局局如轅下駒，其驚悸憂患，有不得不時時乞假者。所以此次

惠書，無從與之傳觀耳。前

寄鶴儕[三]書扇詩韻，均寄去。自清江道梗，音信艱滯，至今無復書。杭州失守，雖即收復，而弟家殉難三人。吴擷蘅[四]聞奉母而逃，全家無恙，然今年益無來信。此數日來又不暇慮及桑梓之變，將有眉睫之翫。弟雖無官守，而跬步不可離，以一出國門毫無插脚處也。日夕

---

[一] 蕙舫：翁學涵，字守約，號蕙舫，浙江餘姚人。道光十七年拔貢生，歷任工部七品小京官、工部主事、工部製造庫郎中。清代書法家。編撰《浙江餘姚東門翁氏家乘》。

[二] 蓉翁：趙光，字蓉舫，號退庵，雲南昆明人。嘉慶二十五年進士，由編修累至刑部尚書、内閣學士。工詩文，書法董其昌，筆意凝練圓潤，海内知名。謚文恪。有《趙文恪公遺集》《趙文恪公自訂年譜》。

[三] 鶴儕：喬松年，字健侯，號鶴儕，山西徐溝人，清代文學家、書法家、藏書家。道光十五年進士，授工部主事，官歷蘇州知府、安徽巡撫、陝西巡撫、河東河道總督。咸豐、同治中，先後在江蘇、安徽、陝西諸省鎮壓太平天國運動、小刀會、捻軍。英、法聯軍入侵時曾自請赴畿輔督兵抗戰。光緒元年卒，謚勤恪。著有《蘿藦亭遺詩》《蘿藦亭札記》《蘿藦亭文鈔》等。

[四] 吴擷蘅：吴受藻，字凫士，號擷蘅，浙江仁和人。道光二十六年優貢，任八旗官學教習。有《劫餘存稿》。

西花女子亦作葉同且不可以無顧小兒女小孫屬之

作詩出深此筆何幸得不遲數年出世耶 此文情

如此向之 枕泉子以為知潤且受筆談者子 本年錄

不宜寺上原跋雖不能記憶矣前數年為吳任[illegible]

李枕泉兩次唱和此數年日來情狀甚悉 使者所得仍寄

幸事事辭訴未盡尺一事畢四厘洋藥及丹幡詩牌一

更新

登將兩地紙通函亦見不可知千里不推

望有而已尚須茶頌

雙禧 乞作趣 佳 作 無之已

愚弟 紹壽 頓首

七月廿五日

爲范文子求作葉潤臣不可得。每顧小兒女小孫，爲之泫然出涕。此輩何辜，何不遲數年出世耶？弟心情如此，問之枕泉[一]可以盡知。潤臣處筆談卷子，弟手録一分寄上，原跋語不能記憶矣。前數日尚與侄荷漪[二]、李枕泉兩公唱和，此數日來情狀甚惡。使者明日行，亦大幸事，藉託帶牙尺一事、墨四匣、洋箋百廿幅、詩牋一匣，祈

詧收。嗣後能通信与否，竟不可知。千里一心，惟

鑒念而已。肅復，恭頌

雙祺，無任翹企，依戀之至。愚弟程恭壽頓首。

七月初一日

---

[一] 枕泉：李後善，字希賢，號枕泉。哲宗七年別試甲科狀元，任全羅左道濟州牧使。《朝鮮實録》哲宗十一年閏三月三十日記載：「召見陳賀兼謝恩使正使任百經、副使朴齊寅、書狀官李後善。辭陛。」

[二] 荷漪：任百經，字文卿，號荷漪。純祖二十七年增廣文科及第，歷任弘文館提學、藝文館提學、大司成、刑曹判書等職，官至右議政。一八六〇年以陳賀兼謝恩正使赴中國。著有《紫閣謏稿》《右相任百經日録》。

卯亭仁兄閣下：己未三月五日奉寄芭衛
手示短幅，作答文廣甚于姓寄上。十一
月十四日又接
來書，托文廣甚集姓寄去復函，并蒙
舫、蕙舫兩位、春樹寄緣小印一方，均蒙
青鑒。恐至遼陽
寄華經年未見，想已浮沉，王府竟作
洪喬故事矣。騰鼓頻催，使者適作而人
海隱居未見

邵亭仁兄閣下：己未三月五日，奉甯遠衛手示短幅，作答交廣盛于姓寄上。十一月十四日，又接來書，旋交廣盛焦姓寄去復函，并蓉舫、蕙舫兩信，「春樹奇緣」小印一方，均塵青鑒否。至遼陽寄章，經年未見，想已浮沉，王明府竟作洪喬故事矣。臈鼓頻催，使者適館，而人海隱居，未見

先生一字打頓東望目極雲天上之元昊非拜

東 寄書未及開緘狂喜欲脫再三披誦

垂念眷眷之情溢於楮表千里之隔一心相

同有如此美者誦吾

兄四海蒞之知己少之向竊歎我兩人何處少

而雖多耶

執事奈黃梧瑟瑟後唯千載面雖東山之志

非終不淪而籌畫賢豹然雖尚清吟不亭

少減其語新醜

啓衛惟宜在正時與道國極懸健說餅

先生一字。引頸東望，目極雲天。上元前始拜
奉寄書，未及開緘，狂喜欲脱，再三披誦，
垂念眷眷之情，溢於楮表，千里之隔，一心相
同，有如此矣！每誦吾
兄「四海茫茫知己少」之句，竊歎我兩人何聚少
而離多耶。
執事參贊樞密之後，兼尹畿甸，雖东山之志
始終不渝，而籌畫賢幼，恐雅尚清吟不無
少減。春韶新麗，
餐衛惟宜。想公退時，與道園姪題餻説餅，

顧少子嬉戲爲樂心精纓況味與裙屐風
流所謂清才濃福兩無妨也夏五爲
兄嫂夫人六十壽辰弟不克奉觴介祉謹
賦拙詩三章書屏四幅以備壽筵並請
削政弟又逢改歲添鬢蹉跎海内羈縻中
胡亦無可揀歸索居勘歡愁我心曲年前
爲次子阜山娶婦於張即詩所謂青青女詩
翁主持風雅幾五十年其除夕詩云爲歲添
將來者以年弟則得了完向平心願而已
惟周晬小孫於花下燈前抱之差强人意云爾弟師

顧少子嬉戲爲樂。簪纓況味與裙屐風流，所謂清才濃福兩無妨也。夏五爲兄嫂夫人六十壽辰，弟不克奉觴介祉，謹賦拙詩三章、書屏四幅，以侑壽卮，並請削政。弟又逢改歲，弥警蹉跎，海内繹騷，中朝亦無可插脚，索居尠歡，亂我心曲。年前爲次子卓山娶婦於張，即詩舲[一]尚書之女。詩翁主持風雅幾五十年，其除夕詩云「辭歲添嬌客」者，此耳。弟則徐徐了完向平心願而已。惟周晬小孫於花下燈前抱之，差强人意。京師

〔一〕詩舲：張祥河，字詩舲，一字元卿，號鶴在，江蘇婁縣人。嘉慶二十五年進士，累官内閣中書、軍機章京、河南按察使、廣西布政使、陝西巡撫、内閣學士、左都御史、工部尚書，加授太子太保。謚温和。善書法，擅畫山水，有《桂林名勝圖卷》傳世。工詩詞，通文史，著述頗豐。著有《小重山房初稿》《詩舲詩録》《詩舲詞録》《四銅鼓齋論畫集》《會典簡明録》等。

冬春之交雷聞日風作故里湖山情存夢想所眺
閣下歸階一品奉使重來執手話舊廣髮
快於承
既聿注國語校刊精粹似影宋本極可珍
貴佳紙摺扇一並拜嘉感謝之餘實喜
四川嘉定綢一端廣硯一方吾杭龍井茶
兩瓶湖筆十管豈敢云報借達寸忱區區
毛錐何為魏嚴得近日硯材俱新產有古人
銘識者最多僞作候覓得佳品再行鐫銘

冬春無雪，間日風作，故里湖山，徒存夢想。所盼閣下躋階一品，奉使重來，執手話舊，庶幾快然。承貺韋注《國語》，校刊精粹，似影宋本，極可珎貴。佳紙梳扇，一並拜嘉，感謝無似。寄去四川嘉定綢一端、廣硯一方、吾杭龍井茶兩瓶、湖筆十管，豈敢云報，借達寸忱，區區鴻毛，殊以爲媿。廠肆近日硯材俱新産，有古人銘識者，率多僞作，俟覓得佳品，再行鐫銘

續寄龍井，在杭城西湖之南山，鄉人未 九
聞以所產茗相饋遺，論以
名園中石竇乳泉何如，但吾鄉都用淋水
沃之，不用女人，並不蒸，止以其味勝耳。吳
擷蘅由教習用知縣於去年九月並杭
寄書及絲扇，並有後鴻已附寄鶴信冊擢
兩淮轉運使移駐以南之泰州，至[illegible]衡
寄書及詩韻、絹扇，[illegible]有後郵寄潤臣郵化
為不知至郎君流寓杭州，抑並滬陽矣。兩[illegible]

續寄。龍井在吾里城西西湖之南山，鄉人來，間以所産茗相饋遺，瀹以名園中石竇乳泉，何如？但吾鄉都用沸水沃之，不用古人煎茶法也，以其味薄耳。吴擷蘅由教習用知縣，於上年九月還杭，寄書及梳扇，適有便鴻，已附寄。鶴儕升擢兩淮轉運使，移駐江南之泰州。其地非衝衢，寄書及詩韻、摺扇，俟有便即寄。潤臣鶴化，尚不知其郎君流寓杭州抑還漢陽矣。虎

訪擾屈爲曾桂所居仰人分金之時乎勝慨仰

長者賜書據言兩册示 大姪怡山 蔣屏二書 扇 怡山

琳兮球璧之辭瑶箴酒莫能名狀此後

音書無由玉 須朔時方能奉到也昨叙依

情悵之限伏惟

琳垂即請

雙安祈

慕鑒不莊 右上

印亭仁兄閣下 愚弟程恭壽頓首

諸姪均此道念問好 庚申正月二十有五日

坊橋屋爲曾姓所居，他人入室之吟，可勝慨耶。長者賜書格言一册，示大姪怡山，并屏二、扇一，怡山

珎若球璧，舞蹈感激，莫能名狀。此後音書，想須至頒朔時方能奉到也。臨穎依依，

情懷無限。伏惟

珎重，即請

雙安。祈

亮詧不莊。右上

邵亭仁兄閣下，

愚弟程恭壽頓首。

諸姪均此道念問好。

庚申正月二十有五日

再疊前韻以送別

親衫幾日拂征塵又唱驪歌返廣肝膽說

能忘楚越山河無礙隔齊秦井桂泰槐波天

小樓風月皆命也珍多託暗和衆祖道好

香驂栖渡江新

書奉

御翁先生兩正

少言翁未定草

十

幸和原韻

憶昨叨陪接麈塵蒙公一顧託龍濱爵文粵

抒樓珊瑚馬健筆崢嶸追漢秦輔國久傳樑

棟器李翔屢選廊廟珍

其家自有封侯典

還看懸弧雨露新

十一

再疊前韻兼以送別

朝衫幾日拂征塵，又唱驪歌作去賓。肝膽既能忘楚越，山河無碍隔齊秦。井蛙我媿談天小，梧鳳君爲命世珎。多祝陽和際祖道，好看槑柳渡江新。書奉

邵翁先生哂正，少言翰未定艸。

奉和原韻

憶昨叨陪接塵塵，幾蒙下顧託龍賓。奇文粤折搜班馬，健筆峥嶸逼漢秦。輔國久傳樑棟器，來朝屢選廟廊珍。

君家自有封侯典，

聖主恩爲雨露新。

季霞再疊前韻由申報以
渭北江東別緒綿卅年音問寄蟬連寄梅驛使
爭先到振竹新篇悵未傳多感深情憐雁序
公詩有鄰邦應
和稱之雲句註
那堪新歲摩龍驤鄰邦賦羅歸來
日應許乘槎問海仙
録呈
御菊先生郢斧芸削
弟廣之衡拜稿
十二

奉和原韻誌謝兼以贈別
璆章飛下語纏綿一朵雲書一字連承賜詩幅海國
詞宗推巨擘金天世系溯芸傳朝王好潤壺事
跂予使難留劉去纏悵喜丹砂授粒粒換將凡骨
待詩仙前惠丸藥九種
公去冬有寄
家兄函札遙來
命視河久朱
十二

奉覆再疊前韻用申歉疚

渭北江東别緒綿，卅年音問最蟬連。寄梅驛使争先到，報竹郵筒悵未傳。多感深情憐雁序和看雲句」語公詩有「瓠歌應，那堪新歲肇龍躔。瓠歌賦罷歸來日，應許乘槎問海仙。録呈

邵翁先生即席斧削，子廉銜拜藁。

奉和原韻誌謝兼以贈别

瑶章飛下語纏綿，一朵雲書一字連承賜詩幅。海國詞宗推老輩，金天世系溯真傳。朝王好闕重來路，奉使難留欲去躔。恰喜丹砂投粒粒，换將凡骨待詩仙。前惠丸藥數種。

公去冬有寄家兄函札，適奉命視河久未（後缺）

自接

光範

雅愛屢承，幸幾躬謁

崇墀面謝，緣館中出入不便，未克趨謁，歉甚。

茶燦紅錦，書夢綠上楊枝，伏諗

御翁老先生佳養儘節

升性戩介，如說秀題承

賜佳章，過蒙推獎，慚謝，以如灌布原韻，

錄呈詩句，粗陋，殊不堪供

自接
光範，
雅愛屢承，本擬躬謁
崇墀面謝，緣館門出入不便，未克竭誠，歉甚，歉甚。
茲際紅舒杏萼，緑上楊枝，伏諗
邵翁老先生佳善勝常，
升恒茂介如祝爲慰。承
賜佳章，過蒙推奬，慚謝何似。謹布原韻
録呈，語句粗陋，殊不堪供

潤翻貝葉學經所業呈新
方家一哂也再上次覆函前已詢僅數月內
擱卷之便為覓回音
紹興約在仲春之初屆時恐未能逕到杭禁
錦注謹以附
少聞此敬頌
台安統希
丙鑒不備

子廣鄉
少巖翁 仝頓啟

聞翻貝葉學經師萬里新[一]

方家一哂也。再二次覆函，前已詢催，因月内

摺卷乏便，尚無回音。

行期約在仲春之初，屆時恐未能遽到，知縈

錦注，謹以附

聞，肅此。敬頌

台安。統希

丙鑒。不備。

子廉銜
少巖翰 仝頓啓。

〔一〕以上文字可能是裁剪裝幀時斷開，無前文後續。

郡亭留守大人閣下：十五年重入都門，寀伯備道
垂念懃拳，戴佩無似。今正二十日甫接
手教，并賜佳什兩紙，三復如親笑言。次日正擬裁箋，
因使習東發，深歉、、。昨又從寀伯處得悉
新恩寵被，簡任孫隆，比維
道履敉綏，式如膝頌。嶽陽距王城百七十里，未從
一餞，之暇，後如積塵之卧湖上，對梅手卷至朱閩學
右蘭正丹探花，与區為中表，行頗講道學，殊迂率執拗，居
鄉時因以被議降調，今起用，廿正奉敘安徽學政，尚無著
述。和國為人，大不然，乃翁高而賞，信而不得一復，否亦可解

邵亭留守大人閣下：上年重入都門，容伯[一]備道

垂念懃拳，感佩無似。今正三十日，甫接

手教并賜佳什，開緘三復，如親笑言。次日正擬裁箋，

聞使節東發，深歉，深歉。昨又從容伯處得悉，

新恩寵被，簡任弥隆。比維

道履敉綏，式如臆頌。崧陽距王城百六十里，未識

公餘之暇，能復如舊廬之卧湖上對接手卷否？朱閣學

名蘭，己丑探花，与涵爲中表行，頗講道學，然遇事執拗。居

鄉時，因公被議降調，今起用升正詹，放安徽學政，尚無著

述。和圃爲人大不如乃翁，前兩寄信，而不得一復，甚不可解。

---

〔一〕容伯：程恭壽，浙江錢塘人，字容伯，晚號人海。道光十九年舉人，官至光禄寺少卿。咸豐、同治間以書法名於都中。著有《坐春風館筆記》。

去鶴倘之舟安歙橋囊承將晚致足貳也江自遭厄後

賤軀歸田甫三月而賊陷桃江其間險阻艱難備嘗之矣

去秋送至戶部 大司農寶佩蘅為丁酉同年故知僕

裡現派山東司主稿兼管捐納房小孫現當票三年期滿

以家眷而歸不得不強顏作馮婦 自覺精力較減髮白盡

蔽又未卜何日出山耳 歙春已於去夏航海來京 兒子蒲生已

四歲頗有天成而望長大此刻五年未之差堪自慰者也

多助數行 復頌

台安並賀

大喜不莊不備

小弟 翁藻 頓首 三月二十日

喬鶴儕已升安徽撫，曩承將助，致足感也。涵自遭厄後，
贖鍰歸田，甫三月而賊陷姚江，其間險阻艱難，備嘗之矣。
去秋選在户部，大司農寶佩蘅爲丁酉同年，頗加優
禮。現派山東司主稿兼管捐納房、八旗現審處，公事繁劇，
以家無可歸，不得不强顔作馮婦，自覺精力頓減，鬢白齒
落，更未卜何日出山耳。敝眷已於去夏航海來京，兒子甬生已
四歲，頑骨天成，可望長大。此則五年來之差堪自慰者也。
草泐數行，復頌
台安，並賀
大喜。不莊，不備。

小弟翁學涵頓首。三月二十日

邵亭侍郎先生閣下春初奉到

華緘具悉

綺注時值赴蘇納牘未遑裁答就稔

政事清簡

興居曼福快慰奚如嗣嵩伯至遼

知曉山已歸道山乃郎述及

閣下曾兩次函寄惠書擬寄中不知矣

十七

邵亭侍郎先生閣下：春初奉到
華牋，具紉
綺注。時值赶辦納賵，未遑裁畣，然稔
政事清簡，
興居曼福，快慰奚如。嗣耑价至遼，
知曉山已歸道山，乃即述及
閣下曾兩次交寄惠書，忙亂中不知夾

雖面所未獲展誦誨示手厚承
大君子雅愛以久羈獄中為念戴前
諭究伯已詳述一切自問生平光明磊
落事無不可對人言者乃權奸必
欲傾陷刑官為之授意并不開納竟
遣軍台蒙諸友親湊助二千餘金得以
捐免不致老死異域幸已今天下干戈擾

雜何所，未獲展誦。涵不才，辱承
大君子雅愛，以久羈獄中爲念，感荷，感荷。
諒容伯已詳述一切。自問生平光明磊
落，事無不可對人言者，乃權奸必
欲傾陷，刑員爲其授意，舞文周納，竟
遣軍台。蒙諸友親凑助二千餘金，得以
捐免，不致老死異域，幸已。今天下干戈擾

擾生民塗炭居顯要者但以逢迎為易
不顧大局如淮徽官曾何足惡所可憐者
淮年餘五旬膝下無子僅存兩女皆已及
笄未嫁之間相繼已歿天之厄我何其
虐哉南歸之路梗阻事了後鬱鬱之居此
者又三月矣現聞沿途尚可雖出趁吉遂
決計起程從此終老林泉猿鶴無由

攘，生民塗炭，居顯要者但以逢迎爲事，不顧大局。如涵微官，曾何足戀。所可恠者，涵年餘五旬，膝下無子，僅存兩女，皆已及笄，去春冬間相繼亡故，天之厄我何其虐哉。南歸之路梗阻，事了後，鬱鬱居此者又三月矣。現聞沿途尚可避凶趍吉，遂决計起程。從此終老林泉，脱然無累，

尤承年中丈幸也賤軀精適惟頃坐半
白處手勒報頃形老態耳暮雲春
樹良覩吾由倚裝者此請祈
高誼留丈家伯俟後便寄復藉頌
台安伏希
亮鑒
餘姚布衣八翁蓬拜手狀
四月十三日

尤不幸中之幸也。賤軀犆適，惟鬚髮半
白，齒牙動摇，頓形老態耳。暮雲春
樹，良覿無由，倚裝書此，祇謝
高誼。留交容伯，俟後便寄復，藉頌
台安，伏希
亮詧。　　　　　　　　餘姚布衣翁學涵拜手狀。
四月十三日

孟春樹 貢使便多 李小漢祖永 李壓一函並 家嚴壹

札亮均達

覽照仍

手箋藉表

新禧清照

執事留守盛京 遙膺屏翰之寄 遠人逖聽欣抃

無量 南雲翹望

執事即先正使入都 一位渴結不知一二年內能即

二十一

金大人 景能

席設水師

孟春塒貢使便，交李小渼祖永，奉塵一函，並家嚴書札，亮均達覽。頃得手箋，藉悉新政清明，執事留守舊京，渥膺屏翰之寄，遠人逖聽，歡抃無量。丙炎翹望執事即充正使入都，一住渴緒，不知一二年内，能即席設水師

［皮封］金大人景龍

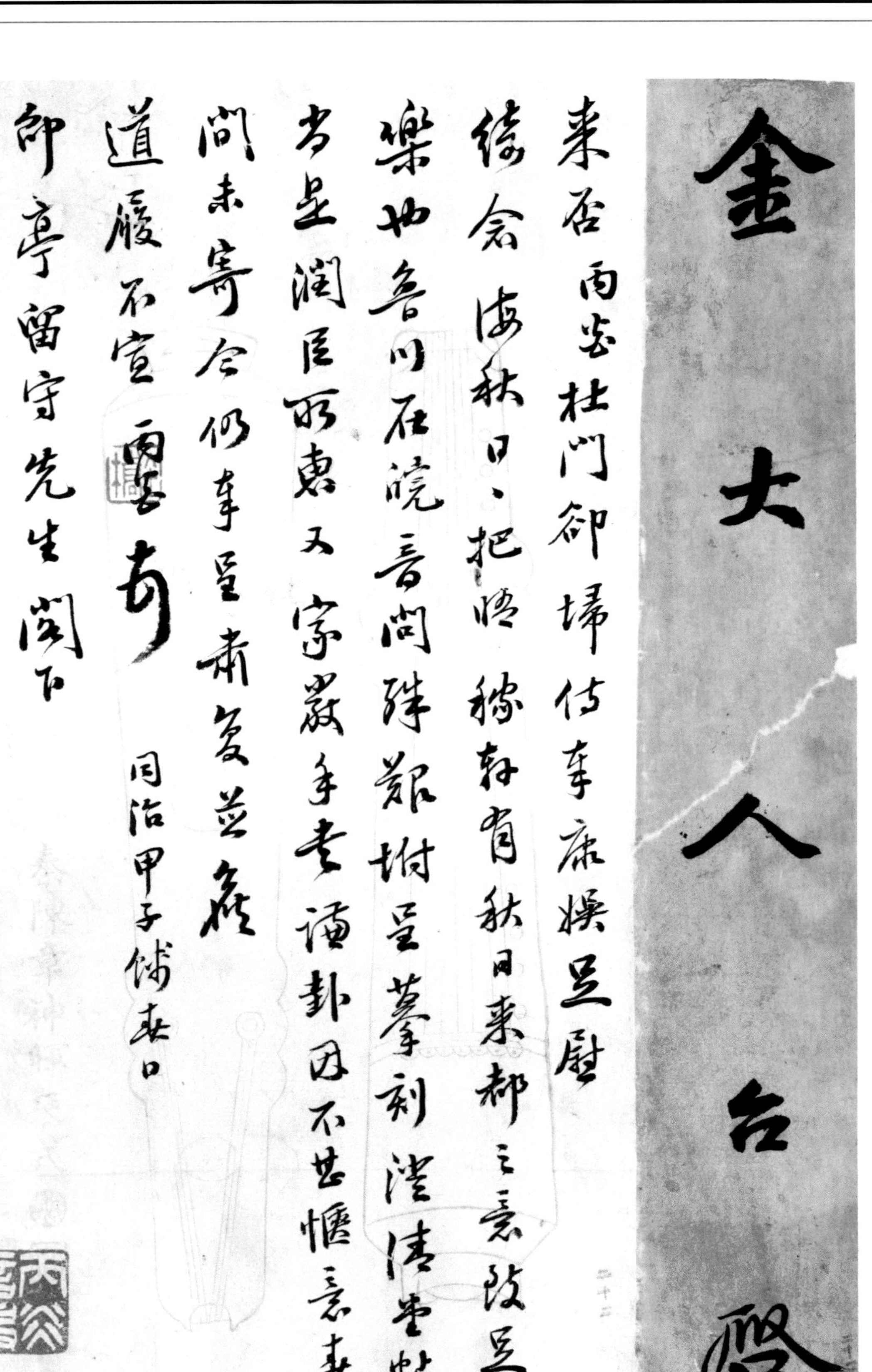
金大人台启
来函并杜门御埽传季康奂呈启
续令海秋日日把晤稔其肖秋日来都之意改呈
乐也吾门在院者问群鄀树呈摹刻淸仪帖
书是润臣所惠又家严手书请斟因不甚惬意妾
闻未寄今仍季呈肃复并候
道履不宣 弟
同治甲子修衣口
郎亭留守先生阁下

〔皮封〕金大人台啓

來否？丙炎杜門卻掃，侍奉康娱，足慰綺念。海秋日日把晤，稼軒有秋日來都之意，致足樂也。魯川在皖，音問殊艱。坿呈摹刻澄清堂帖，尚是潤臣所惠。又家嚴手書謙卦，因不甚愜意，春間未寄，今仍奉呈。肅復，並候道履，不宣。丙炎頓首。同治甲子餞春日

邵亭留守先生閣下

令表兄陳文李小溪李蓉舫帶呈之函想均入
覽蓉舫在系僅一晤面其時 先君已抱恙矣四月中旬遽
遭大故擗踊悲號無所逮及痛何如哉現於八月
十二日扶 櫬南旋家卜宅兆 先公前刻味青閣詩
集卷板已燬於兵火返里後擬並補耳所作同付梓人
刻成再當呈
鑒海天東望杳隔更遥私計令兄
執事必有惠函來正丙寅未入都留此布叩侍葆孚

金邱亭老先生台啓

今春先後交李小渼、李藕舩[一]帶呈二函，想均入
覽。藕舩在京僅一晤面，其時先君已抱恙矣。四月中旬，遽
遭大故，擗踊悲號，無所逮及，痛何如哉。頃於八月
十二日，扶匶南旋，敬卜宅兆。先公前刻《味真閣詩》
十二卷，板已燬於兵火，返里後，擬並晚年所作同付梓人，
刻成再當呈
鑒。海天東望，相隔更遥，私計今冬
執事必有惠函來，正丙炎尚未入都，留此布肊，倚裝草

[皮封] 金邵亭老先生台啓

[一] 李藕舩：李尚迪（一八〇三—一八六五），字惠吉，號藕船，漢語譯官家庭出身，朝鮮純祖至高宗時期的著名詩人，金正喜門人。他身爲譯官十二次出使中國，與清代知識階層有頻繁的交往。編尺牘集《海隣尺素》，有抄本傳世。著有《恩誦堂集》。

邵亭侍郎惠啓

二十四

事事諸惟
亮察伏祈
珍攝不宣

制張丙炎叩首上　甲子八月初十日

［皮封］邵亭侍郎惠啓

奉，諸惟

亮宥，伏祈

珍攝，不宣。

制張丙炎叩首上。甲子八月初十日

道園樞密大人執事　貴國
使來京奉到
惠寄
尊甫侍郎公詩集並
大箸墓表藉悉
執事秉鈞贊化勛望崇隆

道園樞密大人執事：貴國
使來京，奉到
惠寄
尊甫侍郎公詩集，並
大箸墓表，藉悉
執事秉鈞贊化，勛望崇隆，

於綜理幾要之餘論述
先芬軫褱故舊不遺在遠
風義獨爲口誦心維莫名欽
跂曩在咸豐中
侍郎公使之節入燕与先文恪

於綜理幾要之餘，誦述先芬，軫褱故舊，不遺在遠，風義獨高。口誦心維，莫名欽跂。曩在咸豐中，侍郎公使節入燕，与先文恪〔一〕

〔一〕文恪：趙光，字蓉舫。參看前文注。

訂文字之好，其時是璜方在礙

孫不救手而衛恤興悲，零丁

搘柱，勉自存立，猥承餘蔭，觀

政秋曹，捨視樞書中有

侍郎公贈詩二律手札，救通

訂文字之好。其時廷璜方在襁褓，不數年而銜恤興悲，零丁搘拄，勉自存立，猥承餘蔭，觀政秋曹。撿視楹書，中有侍郎公贈詩二律、手札數通，〔二〕

〔二〕此句之後，原尺牘帖裝幀順序錯落，依書信内容校正重新排序。

當即付裝爲卷而係以先文章
恪報久佚感之於心今
侍郎公集中幸獲附載爰以
鈔補先集百冊之
錫何以喻之自媿庸愚未嫻吟
詠而俯仰今昔撫循陳迹感慕

當即付裝爲卷，而深以先文恪報章久佚，戚戚於心。今侍郎公集中幸獲附載，得以鈔補先集，百朋之錫，何以喻之。自媿庸愚，未嫻吟詠，而俯仰今昔，抒循陔之哀慕，

景援綸之前山徽亦有不能已於
言者謹賦七絕四章另箋呈
教倘得附
侍郎公集以籍傳姓名感且不朽
矣亦於貴國使之歸也附上
先文恪年譜遺集並澂族人居

二十七

景投紵之前徽，亦有不能已於
言者，謹賦七絶四章，另牋呈
教。倘得附
侍郎公集後，藉傳姓名，感且不朽
矣。兹於貴國使之歸也，附上
先文恪年譜遺集，並敝族人《居

易軒遺稿向湖村舍訪集仰祈
鑒正時
惠我言焉肅候著祺祗頌
鈞祺於池閣洄伏維
鑒由昆明趙廷璜頓首
大清光緒壬辰重陽前日

二十八

易軒遺稿》《向湖村舍詩集》，仰祈
鑒正，時
惠教言焉。肅修蕪啓，祇敂
鈞祺。臨池溯洄，伏維
鑑照。昆明趙廷璜頓首。
大清光緒壬辰重陽前日

情真詞雅言纏綿中有先

人賦答篇無福從容侍史

識面題剛是我生年 廷璜以乙未生

號壁旁皇寄悵除玉河風

雪發悲吟即今時物尤難談

情真詞雅意纏緜，中有先人贈答篇。無福從容侍文讌，回頭剛是我生年。廷璜以己未生。繞壁旁皇寄慨深，玉河風雪發悲吟。即今時務尤難説，

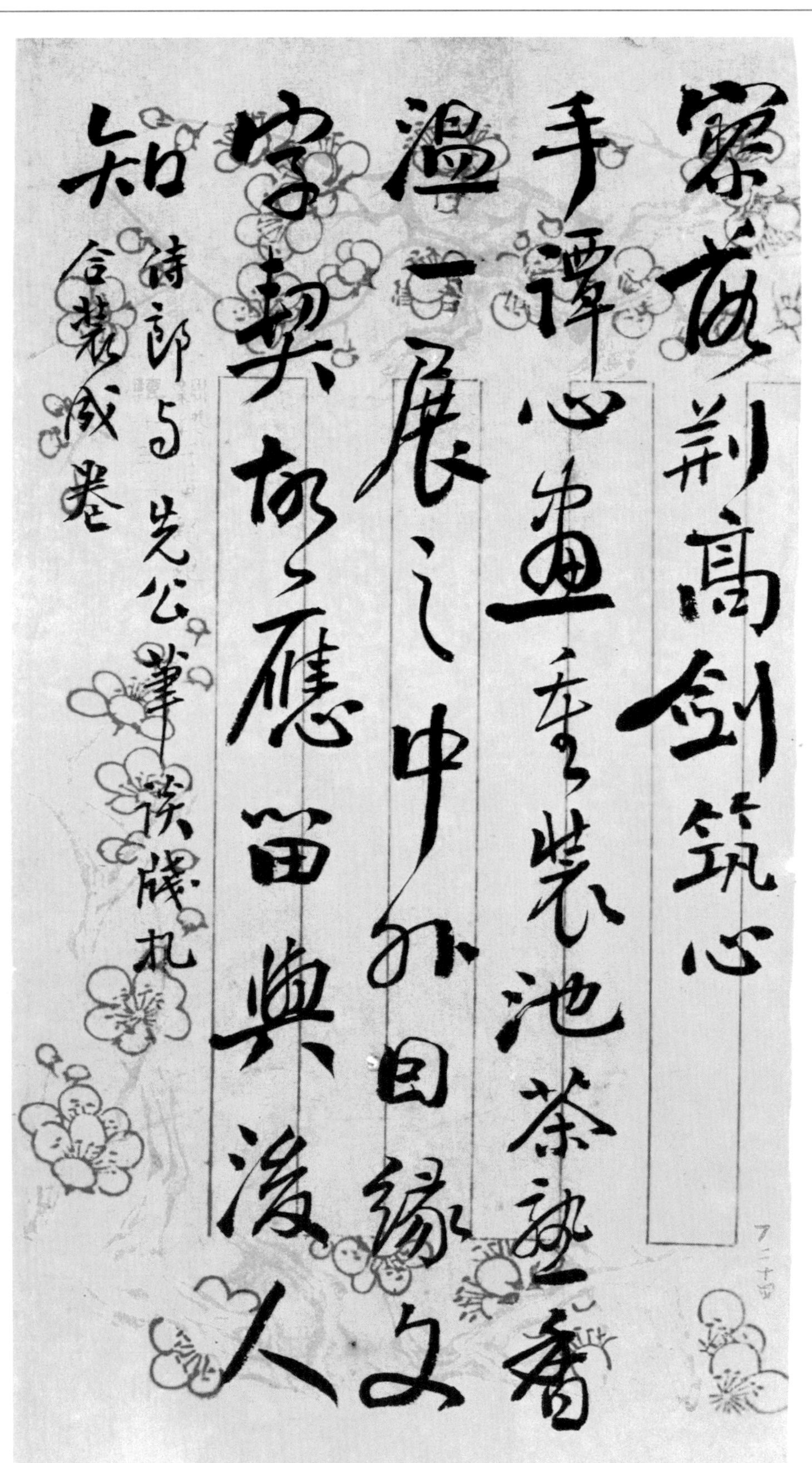
寒夜荆高剑筑心
手谭心画季裳池茶熟香
过一展之中外因缘文
字契切之应留与后人
知
诗郎与先公笔谈残札
合装成卷

寥落荆高劍筑心。手譚心畫重裝池，荼熟香温一展之。中外因緣文字契，故應留與後人知。侍郎与先公筆談牋札合裝成卷。

瀧阡一表視歐陽鄉相門風
世澤長可皆澗情詠花月
龍雖時局要平章
議政正工詩吳
稼齋先生筆
譯記中已錄之
朝鮮
金道園議政寄貝先侍郎

瀧阡一表視歐陽，卿相門風世澤長。可有閒情詠花月，艱難時局要平章。議政亦工詩，吴稼軒先生筆譚記中已録之。

朝鮮

金道園議政寄其先侍郎

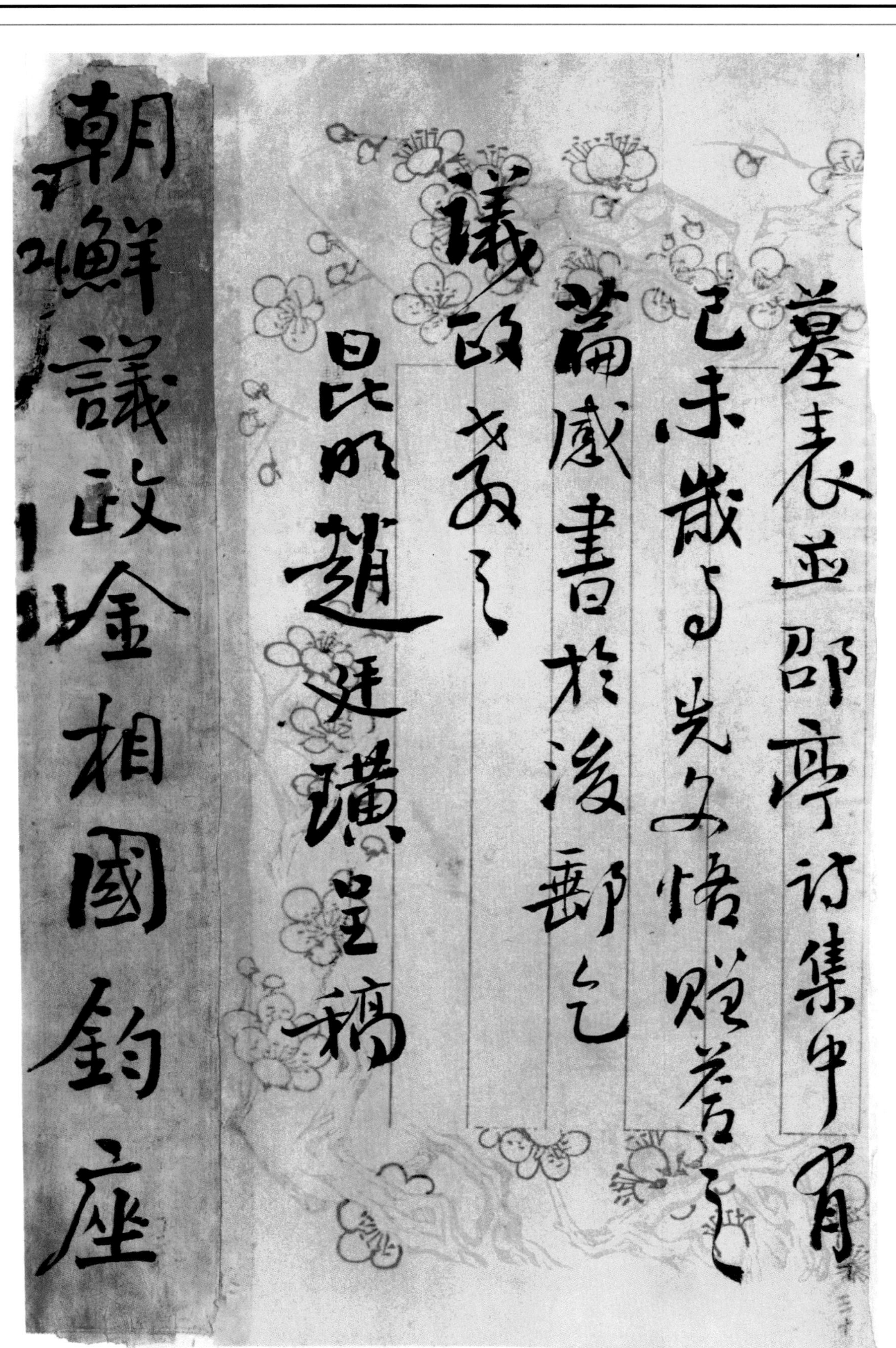
朝鮮議政金相國鈞座
昆明趙廷瓚呈稿

墓表，並邵亭詩集，中有己未歲与先文恪贈答之篇，感書於後，鄆乞議政教之。

昆明趙廷璜呈稿。

［皮封］朝鮮議政金相國鈞座

摺扇二柄收到謝謝

筆札冊頁為家叔携赴河間一時未能

錄出容再寄上

蔭思正切

芝簡適頒感

藻飾之逾常撫華袞而滋愧敬維

邵亭先生大人祥厘迓春和

聲灘夏大

挹湖山之勝景

寫觴詠之幽情拭目

葭思正切，摺扇二柄收到，謝謝。筆札册頁爲家叔携赴河間，一時未能録出，容再寄上。

芝簡適頒，感藻飾之逾常，撫蕪束而滋愧。敬維邵亭先生大人祥迓春和，鳌凝夏火，挹湖山之勝景，寫觴咏之幽情，拭目

雲暉殷心露祝承
示附子以求之川中者為上品現今路遠多
梗罕便覓得時再為寄
上源春明株守轣轆如恒幸京寓自家
慈以次諸孫平善聊堪告
慰耳專覆順請
近安不備　李文源頓

雲暉，殷心露祝。承

示附子以求之川中者爲上品，現今路途多

梗，容俟覓得時，再爲寄

上。源春明株守，轣轆如恒，幸京廑自家

慈以次，諸稱平善，聊堪告

慰耳。專覆，順請

迩安，不備。　李文源頓首。

謄曾李差入都……旋……居

鄒件緣伊居停調任寧遠又隨赴

新作矣知　念并及手復鳴謝敬

請

近安不備　心傳李文源頓

令昆嚴川述并詩代送　申翠泉先生并為致

候緣使便每每未及作札也

騰曾奉差入都，（因破損，辨不清）□□緣伊居停，調任甯遠，又隨赴新任矣。知念并及，專復鳴謝。敬

請

迩安，不備。　　心傳李文源頓首。

外　先嚴行述奉祈代送申栞泉先生，并爲致候，緣使便匆匆，未及作札也。

可指面方以此考人

宸聽 貴邦申償使入都接奉

瑤章備蒙

國注迴環盥誦感佩殊深就稔

邵翁先生大人榮參樞密

德位兼隆

鴻猷久著於海東

駿譽遥傳於日下

可燭而方以此專人[一]

客臘貴邦申賀使[二]入都，接奉

瑶章，備蒙

關注，迴環盥誦，感佩殊深。就稔

邵翁先生大人榮參樞密，

德位兼隆，

鴻猷久著於海東，

駿譽遥傳於日下，

---

[一] 以上文字單獨裁剪裝貼此處，無前文後續。

[二] 申賀使：申錫愚（一八〇五—一八六五），字聖如，號海藏、琴泉，朝鮮王朝後期文臣。純祖三十四年（一八三四）進士及第，歷任中央和地方主要官職，官至禮曹判書。一八六〇年以冬至正使出使中國，與清代文士結交甚廣。著有《入燕記》《海藏集》。

斗山在望翹頌彌殷去夏蒙
賜誄文業經展讀於 先君靈几之前意
摯情真源等甫圖敬聆悲感交集行
述現已授梓俟刷就時當即奉
上祭荷 申琴泉先生俯念舊誼篤
臨蓬蓽弔慰撫今追昔益深風木

斗山在望，翹頌弥殷。去夏蒙
賜誄文，業經展讀於先君靈几之前，意
摯情真。源等匍匐敬聆，悲感交集。行
述現已授梓，俟刷就時，當即奉
上。兹荷申琴泉先生俯念舊誼，駕
臨蓬蓽弔慰，撫今追昔，益深風木

之悲并仰見琴翁文采風流兩次攀談
不勝欽佩乘其回便附寄燕函即祈
鑒詧當以俯念先人舊好賜以魚書藉慰
遠懷為荷相國常培之歲引見常思以
知府用因軍需賞戴花翎需次四川源伻
弟名文濤號韻松年十五歲
恩蔭候選知縣李弟名文溥號心泉年十四歲候

之悲，并仰見琴翁文采風流，兩次攀談，
不勝欽佩。乘其回便，附寄蕪函，即祈
鑒督。尚乞俯念先人舊好，賜以魚書，藉慰
遠懷爲荷。相圃家叔，去歲引見，蒙恩以
知府用，因軍需賞戴花翎，需次四川。源仲
弟名文濤，號韻松，年十五歲，
恩蔭候選知縣。季弟名文溥，號心泉，年十四歲，候

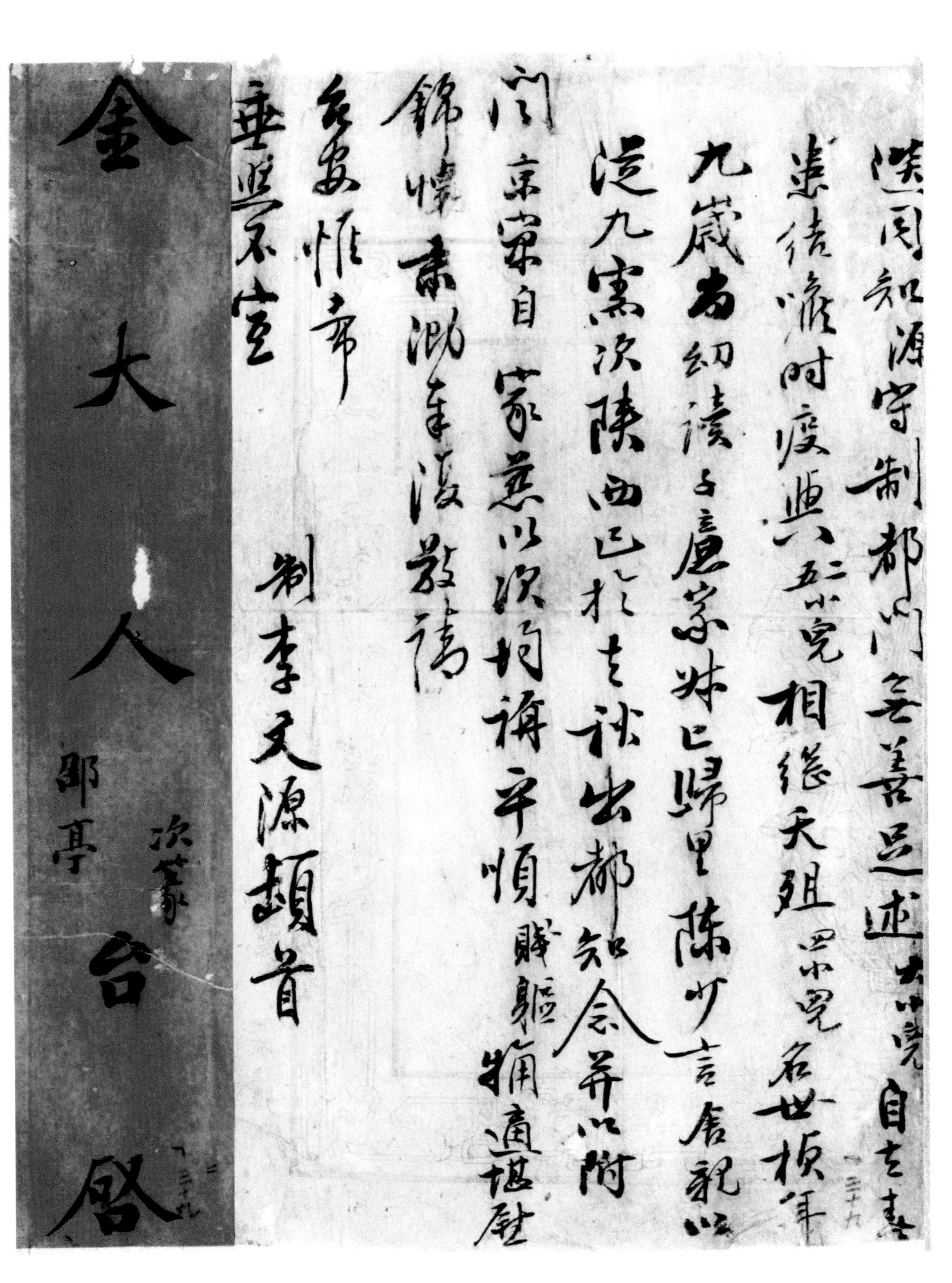

送同知源守制都門，吾善足述大小兒自去春遠往，嗚惟時疫與二小兒相繼夭殂，四小兒名世楨，年九歲，為幼讀之虛家，昧已歸里，陳少言倉稚，以從九案次陝西，已於去秋出都，知念并以附聞。京寓自家慈以次均稍平順，賤軀猶適，堪慰錦懷。肅泐，奉復數語，敬希垂照，不宣。

制李文源頓首

金大人台啓

次蘩

鄍亭

一三十九

選同知。源守制都門，無善足述。大小兒自去春患結喉時疫，與二五小兒相繼夭殂。四小兒名世楨，年九歲，尚幼，讀□□，家叔已歸里，陳少言舍親以從九需次陝西，已於去秋出都，知念并以附聞。京寓自家慈以次均稱平順，賤軀粗適，堪慰錦懷。肅泐奉復，敬請台安，惟希垂照，不宣。　　制李文源頓首。

［皮封］金大人　邵亭　次篆　台啓

覃溪手札帖怡堂收藏

覃溪手札帖怡堂收藏
古
895.166
On 3d

覃溪手札帖　怡堂收藏

覈實在書

窮理在心

覈實在書
窮理在心

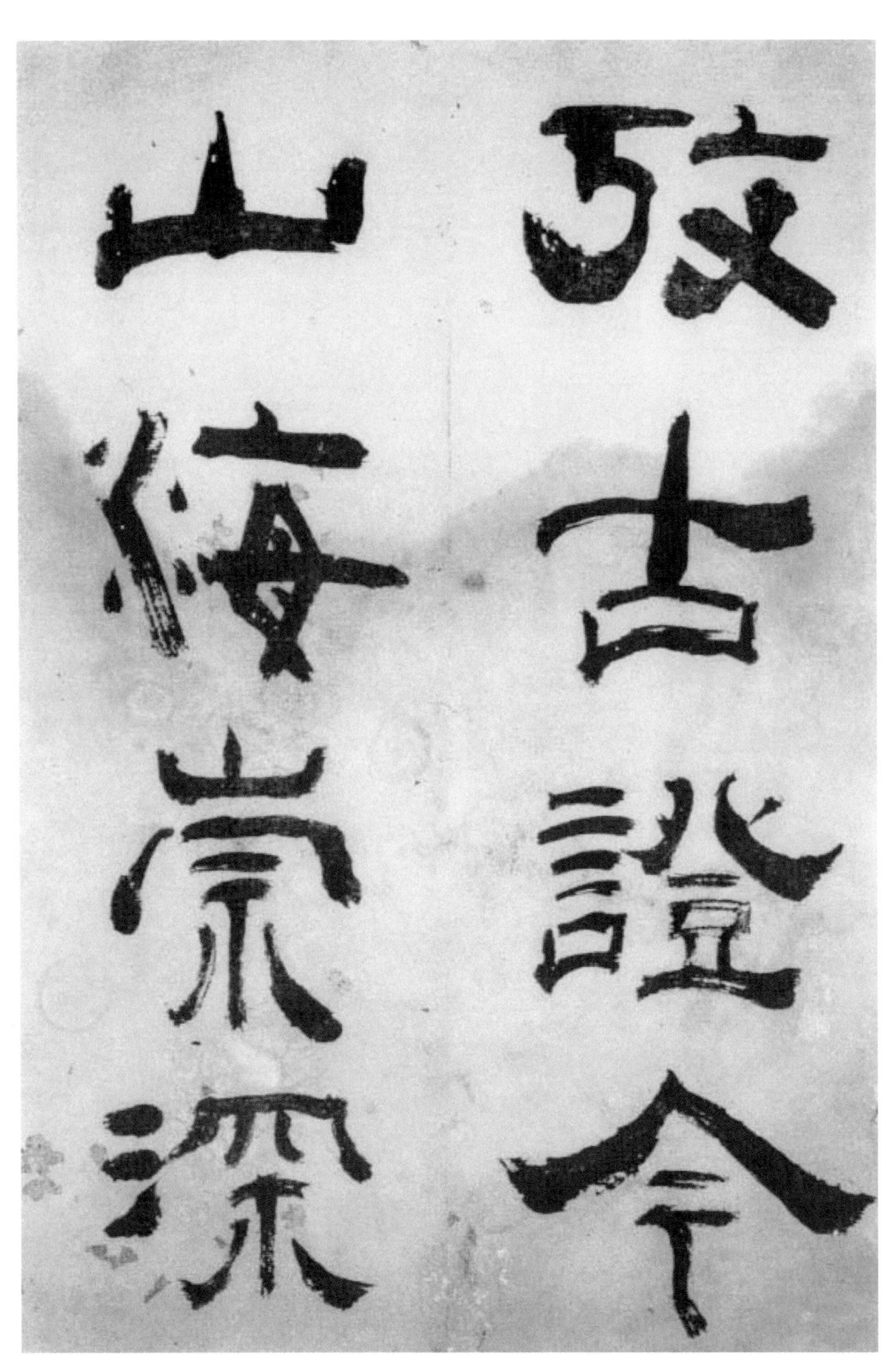
攷古證今
山海崇深

攷古證今
山海崇深

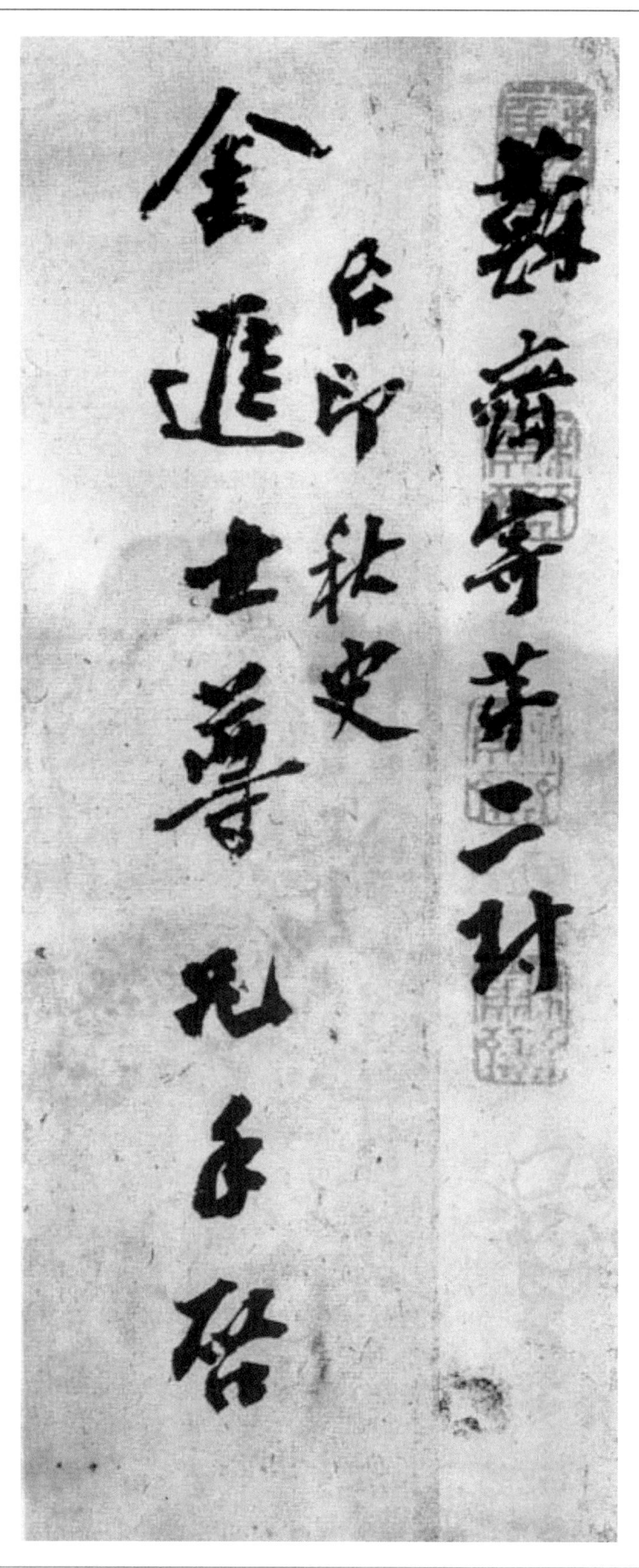
蘇齋寄茶二封
谷印秋史
金進士尊兄手啓

蘇齋寄第二封

台印秋史

金進士尊兄手啓

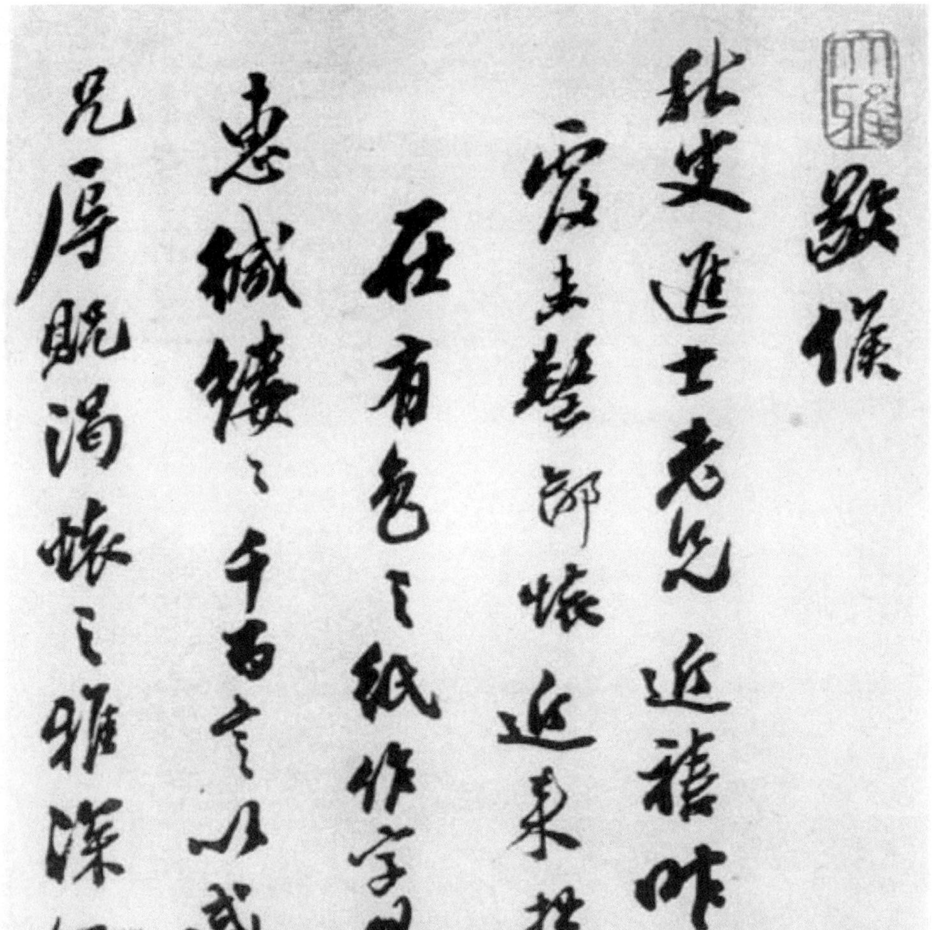

敬候

秋史進士老兄近禧，昨年奉

覆，未罄鄙懷。近來拙書，因目力逾昏，不能

在有色之紙作字，是以用此竹紙。承

惠緘，縷縷千百言，以感以企。敬惟吾

兄辱貺渴懷之雅，深愧深愧。切念

學者詳求古籍當於才力孜孜也若不及
以鄙人之愚拙妄能稍圖裨益於
研席者遠道不盡曲陳對惟擬其
最要者一言蔽之此事惟在精
專而已看義理之學看考訂之學考
訂之學漢學也義理之學宋學也其

尊意詳求古籍，富於才力，孜孜若不及。
以鄙人之愚拙，無能稍圖裨益於
研席者。遠道不盡曲陳，則惟撮其
最要者一言蔽之，此事惟在精
專而已。有義理之學，有考訂之學。考
訂之學，漢學也；理義之學，宋學也。其

實通於大路則一而已矣千萬世仰瞻
孔孟心傳自必賴程朱為指南之
宗程士人束髮受讀習程朱大儒之論及
其後博涉群籍見聞日廣遂有薦
視宋儒者甚且百倍時程朱者士林之

實適於大路，則一而已矣。千萬世仰瞻孔孟心傳，自必恪守程朱爲指南之定程。士人束髮受讀，習程朱大儒之論，及其後博涉群籍，見聞日廣，遂有薄視宋儒者，甚且有倍畔程朱者，士林之

辭鄭也於所義理至宋儒日益精密

矣而宋時諸儒自恃見理之明往往或

蔑視古之訓詁即如東漢說文並經訓

所以遺豈可忽略且如詩經內訓釋出自

古所師承豈以豈可播後人習用之文義

此毛傳在於東漢豈可作名稱之名解乎

如齊風猗嗟名兮目上謂之名

以改古訓乎古人師承自有來歷不可用後

蠹弊也。然而義理至宋儒日益精密矣。而宋時諸儒自恃見理之明，往往或藐視古之訓詁，即如《尔疋》《説文》，實經訓所必資，豈可忽略？且如《詩經》内訓釋出自古所師承者，豈可據後人習用之文義，以政古訓乎？[一]古人師承，自有來歷，不可用後

〔一〕原夾注：如《齊風》「猗嗟名兮」，此《毛傳》本於目上謂之名，《尔疋》豈可作名稱之名解乎？

人所見之文義以概之如陳氏澔雲莊禮記集
説所引石梁王氏之類即如文王世子篇内一條
正文之下周公踐阼四字後人疑為衍文竟
擬删去不知古人文字每段題目在本文之下
此即其每段之題目也尚書每篇之序毛詩

人習見之文義以概之。如陳氏澔雲莊《禮記集説》所引石梁王氏之類，即如《文王世子》篇内一條，正文之下「周公踐阼」四字，後人疑爲衍文，竟欲删去，不知古人文字，每段題目在本文之下，此即其每段之題目也。《尚書》每篇之序，《毛詩》

無窮之疾法古師訓義墨守雜讖甚
至歐陽永叔并易繫辭而疑之易理難
明今時學人十翼只因學者不能深思象傳
象傳繫辭說卦諸篇所以後人疑多其辨說
而愈不明由此只在人情閑細取平心意懷細觀
彖傳象傳繫辭上下傳說卦文言傳這用之

每篇之序，皆古師訓義，豈可輕議？甚至歐陽永叔并《易繫辭》而疑之。《易》理難明，全恃聖人《十翼》。只因學者不能深思《彖傳》《象傳》《繫辭》《説卦》諸篇，所以後人愈多其解説，而愈不明白也。只在人博聞約取，平心虚懷，細翫《彖傳》《象傳》《繫辭上下傳》《説卦》《文言傳》，已用之

不盡美矣既以理之亦知者觀其彖辭則思過半矣
然以下數節所理人手若讀易之凡例後人
自不察錯會耳康誥首節周公咸勤乃洪
大誥治此句大誥二字實所康誥洛誥梓材三
篇之總序明著其為周公所作也今姑依誤以

不盡矣。所以聖言云：「知者觀其彖辭，則思過半矣。」此以下數節，即聖人手著讀《易》之凡例，後人自不善領會耳。《康誥》首節「周公咸勤，乃洪大誥治」，此句「大誥」二字，實即《康誥》《酒誥》《梓材》三篇之揔序，明著其爲周公所作也。今蔡《傳》誤以

為洛誥所錯簡附康誥之出於周公無自序

者矣惟此段錯簡繫於三誥之首是其證顯

成王尚幼且是康叔之姪所以用武王口氣是出周公手

明若此三誥乃周公所作也後儒不知此義竟是

王若曰孟侯朕其弟不知此封爵是在武王朝

中述武王口氣所以王若曰三字是周公特筆

原以左傳史記皆明說成王時封康叔而宋

爲《洛誥》所錯簡，則《康誥》之出於周公無自而考矣。惟其此段捴挈於三誥之首，是史臣欲明著此三誥乃周公所作也。[一]後儒不知此義，第見「王若曰：孟侯，朕其弟」，不知此封爵是在武王廟中述武王口氣，所以「王若曰」三字是周公特筆。所以《左傳》《史記》皆明說成王時封康叔，而宋

〔一〕原夾注：成王尚幼，且是康叔之姪，所以用武王口氣，是出周公手。

傳亮自晚而武王封康叔則是左傳史記

皆不足信矣有是理乎[illegible]此一二為人見

古時師承之源委不可廢也於古時繼師相承

或不可無達者師從未盡能畫一之處而三祧尤甚

弟子[illegible]禮遺[繼傳]解一書最為有功黃勉齋楊信齋

諸家朱門之結關補證雖信齋之書中間不無

儒竟自改爲武王封康叔，則是《左傳》《史記》皆不足信矣。有是理乎？姑略舉此一二處以見古時師承之原委必不可廢也。然古時經師相承，或又有各遵其師説，未盡能畫一之處，而三《禮》尤甚。朱子《儀禮經傳通解》一書最爲有功。黄勉齋、楊信齋皆承朱門之緒，闡發補證，雖信齋之書，中間不無

待後人之補證者，雖不補證，非可擅用一己之見

按易數定也。如大戴禮盧注之明堂與路寢

同者，蓋亦未詳考。今孫明堂圖之其制與路

寢內之其制相同也。今日江蘇惠氏撰禮圖，

先謂明堂即是路寢矣。何如今日偶見戴逵初

銅尺，用以審定古器款識則可矣。江南沈彤亮

待後人之補證者，然而補證非可擅用一己之見輕易斷定也。如《大戴禮》盧注言明堂与路寢同者，實亦未詳悉分疏明堂内之某制与路寢内之某制相同也。今日江南張惠言撰《禮圖》，竟謂明堂即是路寢矣。即如今日偶見漢建初銅尺，用以審定古器欵識則可矣。江南沈彤竟

聡新洪大人以數字周時分田制祿之成等三光若
身到周庭目觀其時事知此所不能了者也況
聖人已言禮度文上為去差緻不能以更
夫子生於周時尚且慨想之意級而今去長者然
聡亦如身到古郭時嘉目睹其制去非為對岸也所以思見雖
至悠遠古義者如書序詩序則要宜稽考

欲執此尺以斷定周時分田制祿之成算，竟若身到周庭，目覩其時事者，此必不能之事也。況聖人已言禮度文，上焉者無徵不信，以吾夫子生於周時，尚且慨杞宋之無徵，而今考古者，必欲如身到古時，若目覩其事、其制者，非愚則妄也。所以愚見惟是恪遵古義者，如《書序》《詩序》，則必宜稽考，

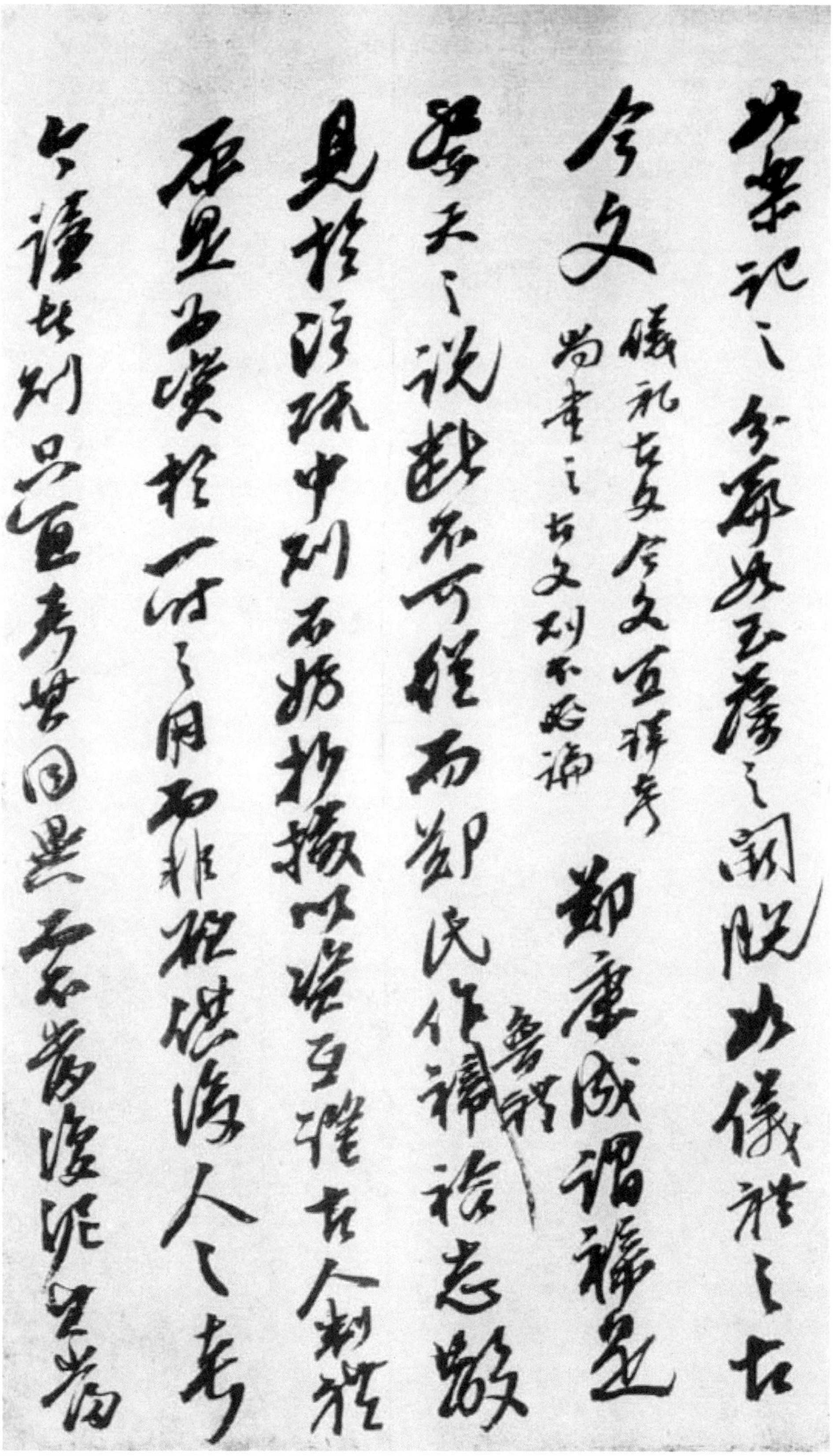

如《樂記》之分篇，如《玉藻》之闕脱，如《儀禮》之古今文。《儀礼》古文今文宜詳考，《尚書》之古文則不必論。鄭康成謂禘是祭天之説，斷不可從。而鄭氏作《魯禮禘祫志》，散見於注疏中，則不妨抄撮以資互證。古人制禮，原是爲資於一時之用，而非欲供後人之考。今讀者則只宜考其同異，而不當復泥其當

日〻所用如玄门人凌修手撰儀禮釋
例無久笑其迂此等撰述豈能相爲有
此光陰又不如專宜同異長惟義理
之學不可空作議論當今日經學大備
且經如日中天之際然可且放講性理道
德之原辭況此皆前人所已講明者不須今

日之所用。如吾門人凌仲子撰《儀禮釋例》，愚久笑其迂，此等撰述，意欲何爲？有此光陰，又不如考定同異矣。惟義理之學，不可空作議論，處今日經學大備、六經如日中天之際，斷不可只管講性理道德之虚辭。况此皆前人所已講明者，不須今

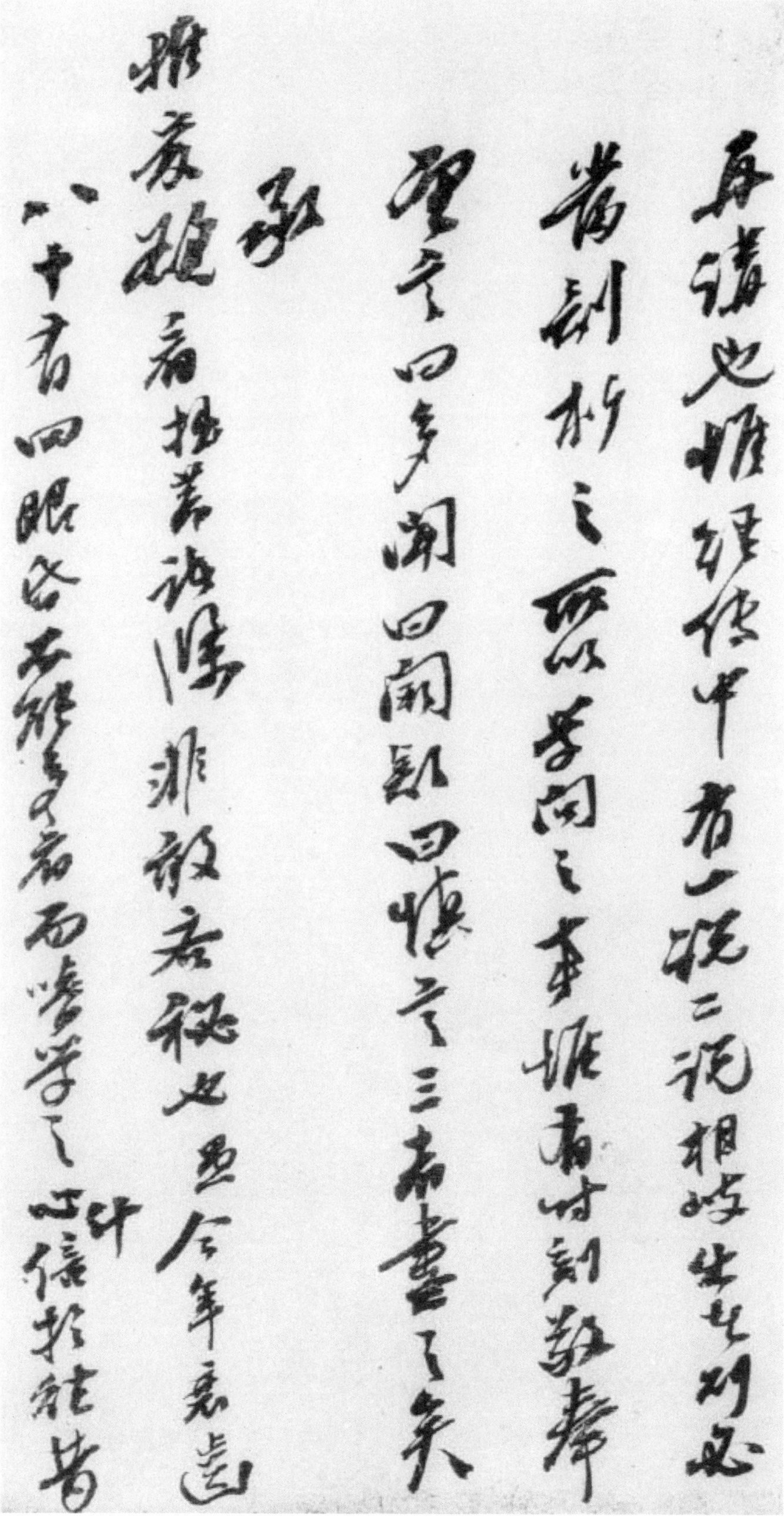

再講也。惟經傳中有一説二説相岐出者，則必
當剖析之。所以學問之事，惟有時刻敬奉
聖言，曰多聞、曰闕疑、曰慎言，三者盡之矣。
承
雅愛，欲看拙著諸條，非敢吝秘也。愚今年衰齒
八十有四，眼昏不能多看，而嗜學之心，計倍於往昔。

每日卯刻起來即取崔竹稿輪流覽看一一完結之
有自己脫註今與齋又或引釋未得意齋即
於架上抽書令又每人代查每一條費幾許功夫
每日清晨及晚間改換問題之一二齋將對于講義齋
僕出與友共商爭齋中無識者相助之人亦
思欲就其孫子自修者先就近覓一人寫出而質

每日卯刻起來，即取舊艸稿輪流覆看，竟往往有自己脱誤字句處，又或引繹未詳審處，即於架上抽查。今又無人代查，每一條費幾許功夫，每日清晨必有改增改删之一二處，此則焉能遽借出与友共商乎？家中無識字相助之人，亦思欲就其略可自信者，先就近覓一人寫出，而其

古而來易糾結古今人來就所記據補經誤失

如損卦朱注兩貝曰朋偕利作兩龜曰朋　等城伊滋朱注滅濮也偕利城濮也之謬甚多

以及詩文墨以及金石文字皆記出處擬記為大觀

困學齋筆記十六卷此內是一問讀禮雜之理謬著

果當石鼓文叢以開編摩

譬也說文玉篇學頭必需之書也說經具見就

易書詩三經但專討論甚密其多大所以

事尚未易就緒。[二]去冬以來，就所記憶諸經諸史，以及詩文集，以及金石文字宜記出者，撮記爲《蘇齋筆記》十六卷，此内無一閒談猥雜之俚語，若果寫有底本，當以副稿奉鑒也。《説文》《玉篇》，案頭必需之件也，諸經且先就《易》《書》《詩》三經，宜討論者甚要甚多，所以

〔一〕原夾注：如《損卦》，朱注「兩貝四朋」，俗刊作「兩龜四朋」；「築城伊淢」，朱注「成溝也」，俗刊「城溝也」之類甚多。

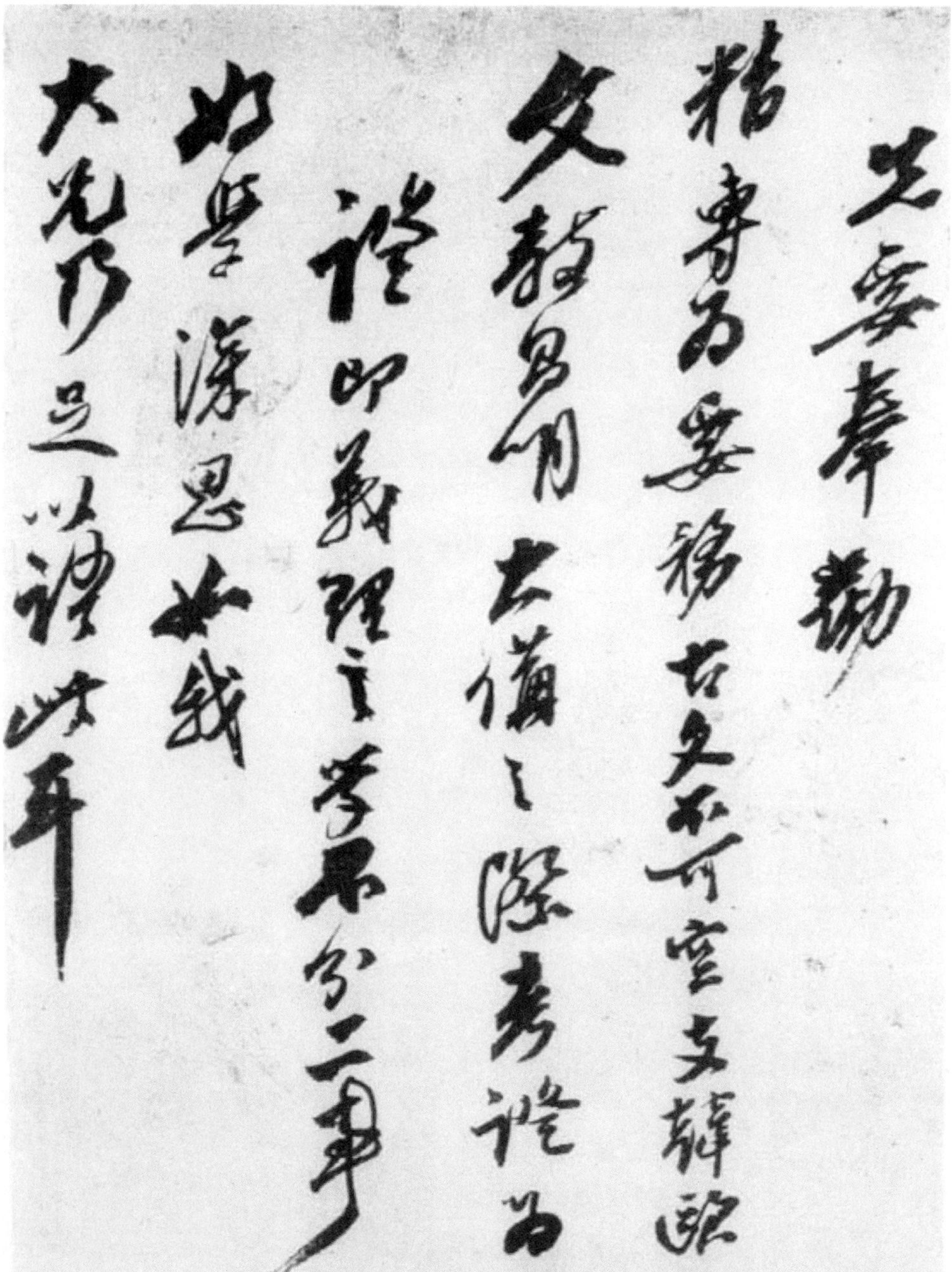

先要奉勸

精專爲要務。古文不可空支韓、歐架局，今日文教昌明大備之際，考證爲最要。考證即義理之學，不分二事，切勿空談。

好學深思如我

大兄，乃足以語此耳。

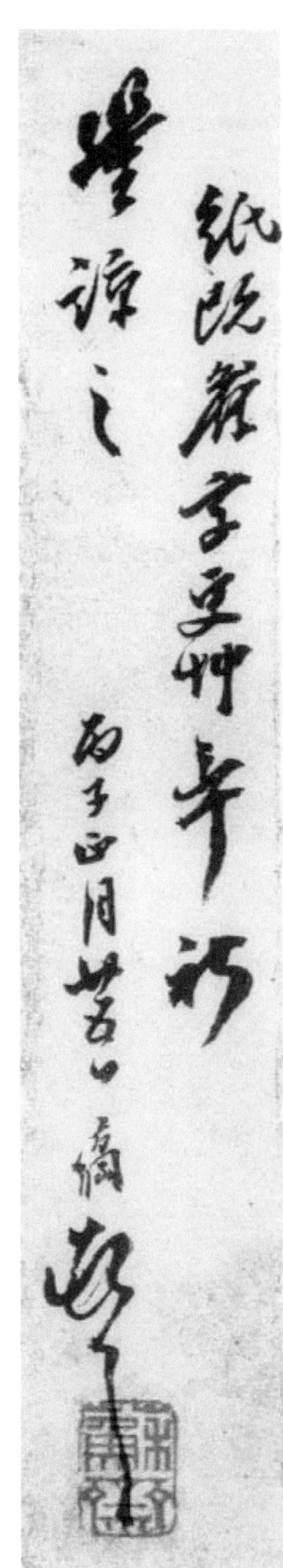

紙既麄，字更艸率，祈
鑒諒之。
丙子正月廿五日，方綱頓首。

## 建初尺

漢建初銅尺，爲江都閔義行所藏，後歸孔東塘尚任，今在衍聖公府中，与周尺、《漢志》鎦歆銅尺、後漢建武尺、晋前尺並同，當宋三司布帛尺七寸五分。礼堂𦩘于銅尺詩屋。

建初尺

鄭君禮注賁人猜未得周遺矩矱來今日
手量銅式出班劉始引為重開
寶匣無乃氣躍龍何勝米老贗何校從今
不仗朋校釋箱篋長收古鼎鐘
方綱

建初尺

鄭君禮注費人猜，未得周遺矩樣來。今日手量銅式出，班劉竹引爲重開。寶匣熊熊氣躍龍，河豚米老贋何從。從今不仗朋枚釋，箱篋長收古鼎鐘。方綱

# 同文神交

庚辰六月下澣
無錫李漢福進題

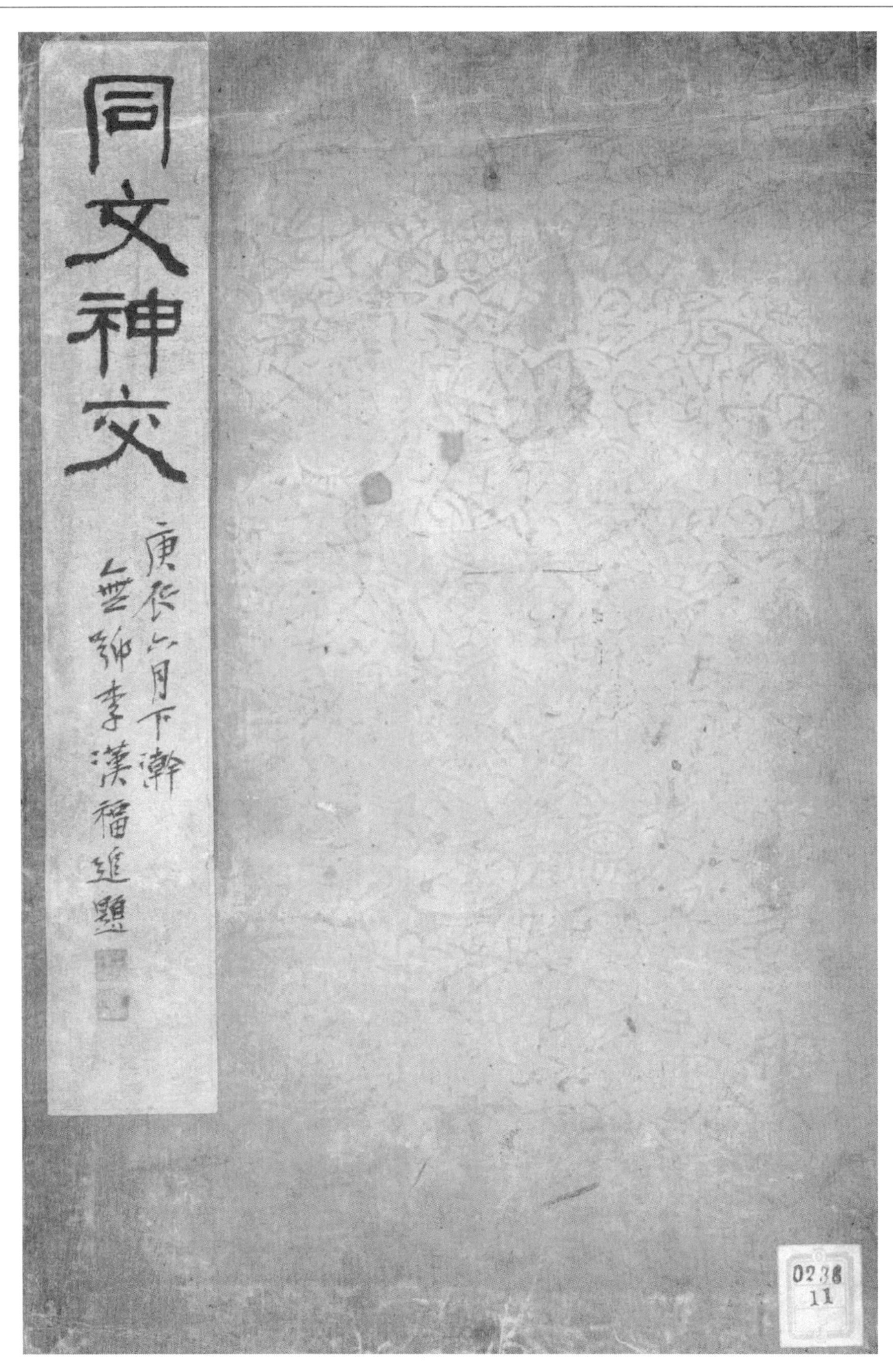
同文神交
庚辰六月下澣
無號李漢福題
0238
11

# 同文神交

庚辰六月下澣
無號李漢福追題

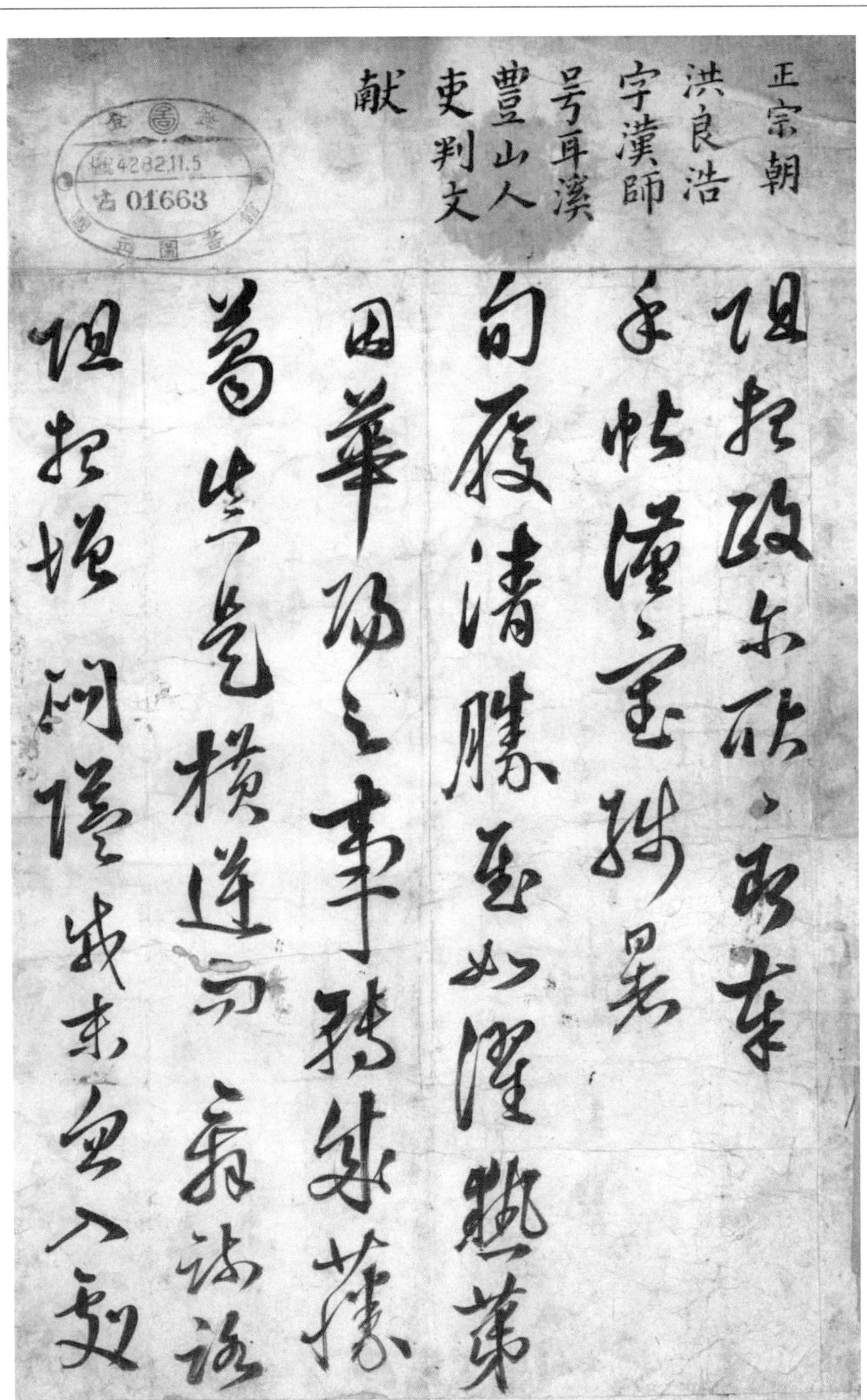

正宗朝
洪良浩
字漢師
号耳溪
豊山人
吏判文
獻

阻想政尔耿耿，即奉手帖，漢室殘暑，旬履清勝，至如濯熱。第因華陽之事，轉成藤葛，真是横逆，而辭疏路阻，想增悶隘，咸末忽入劇[一]

〔一〕欄上注：正宗朝，洪良浩，字漢師，號耳溪，豊山人，吏判文獻。

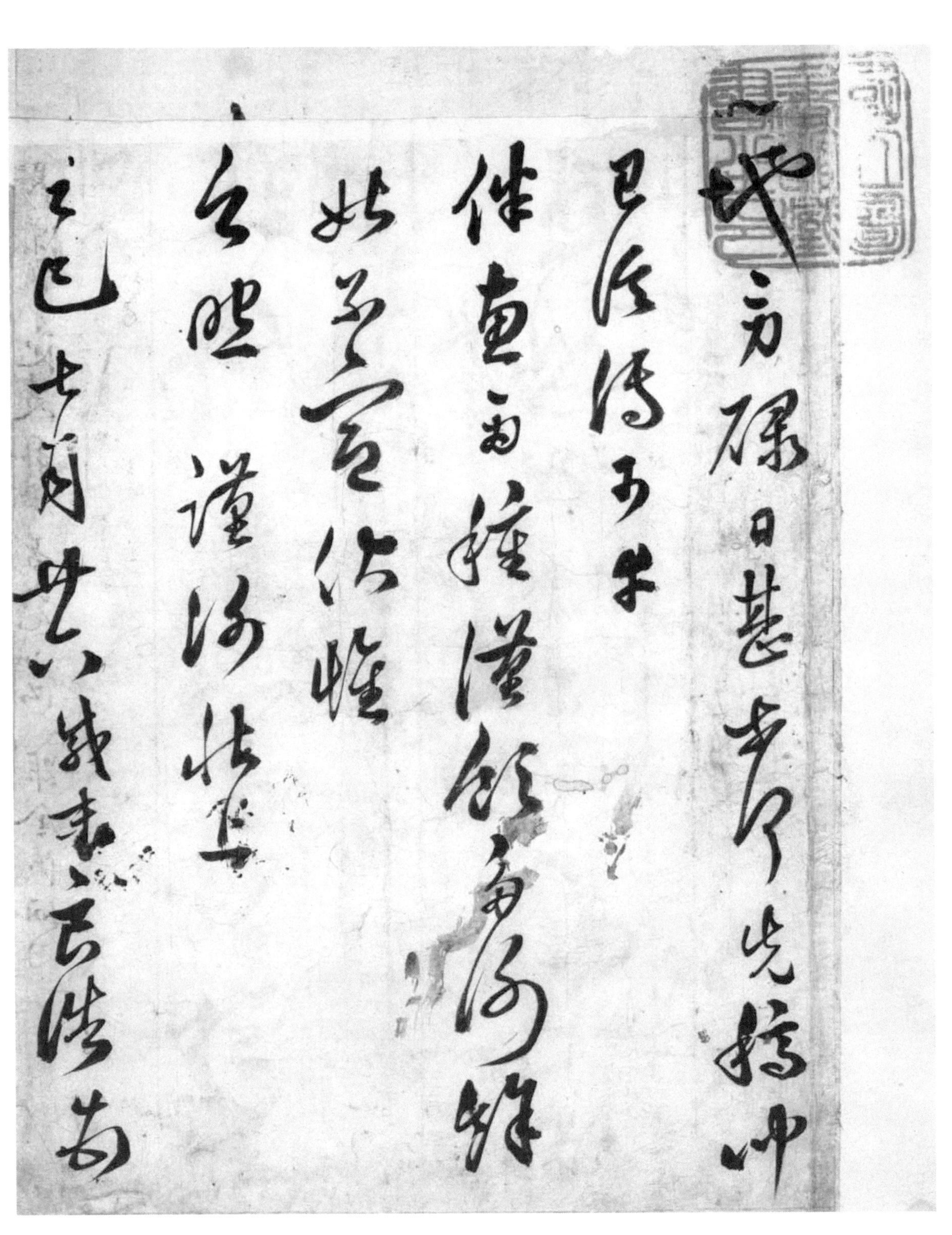

地，勞碌日甚，奈何！先稿中
已經傳可示，
伴惠兩種，謹領多謝，餘
姑不宣。伏惟
台照，　謹謝狀上。
乙巳七月廿六，咸末良浩頓首。

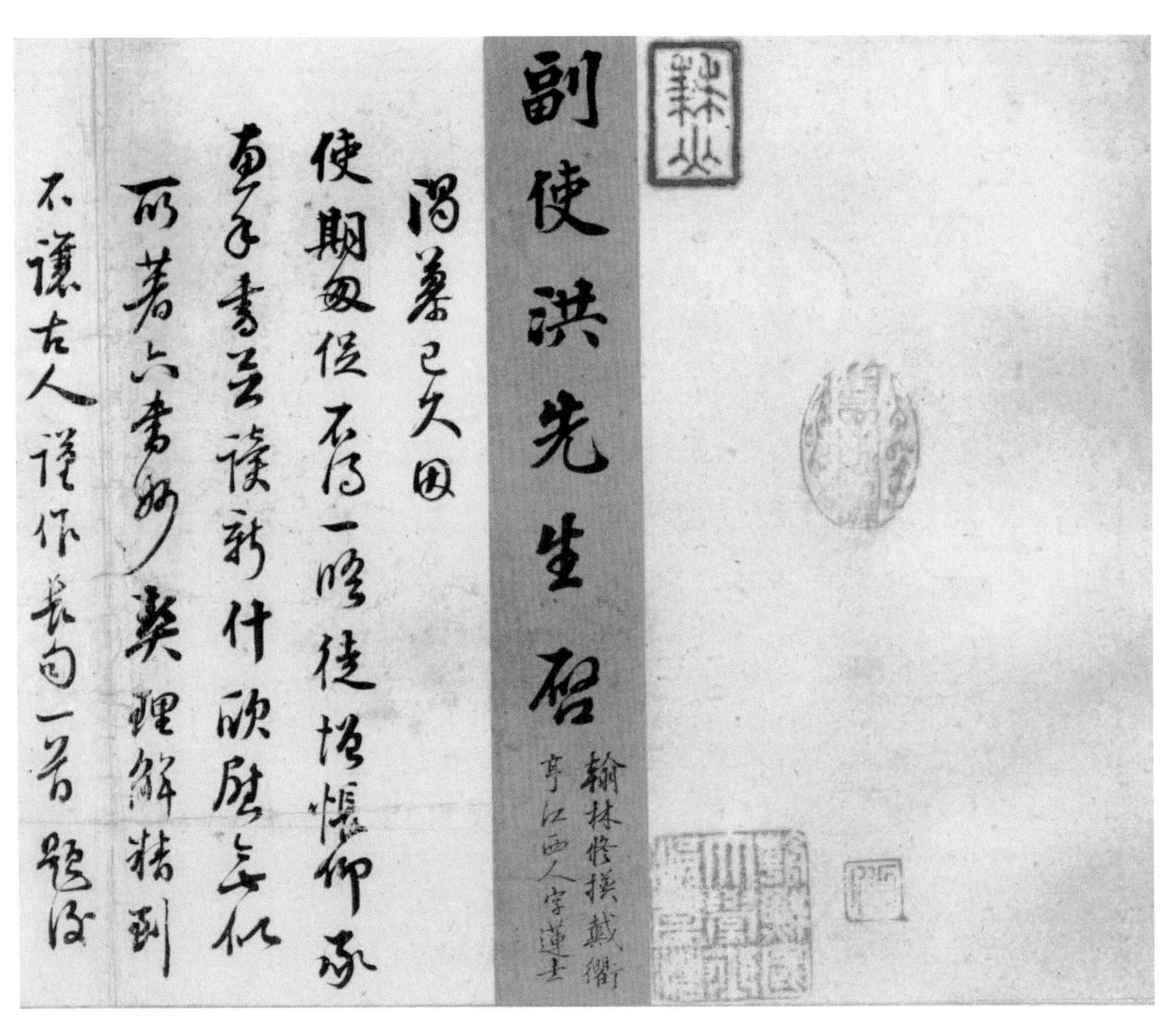

副使洪先生啓

翰林修撰戴衢亨江西人字蓮士

渴慕已久因使期匆促不得一晤徒增悵仰承惠手書並讀新什欣慰無似所著六書妙奧理解精到不讓古人謹作長句一首題後

［皮封］副使洪先生[一]啓　翰林修撰戴衢亨，江西人，字蓮士。

渴慕已久，因

使期匆促，不得一晤，徒增悵仰。承

惠手書，並讀新什，欣慰無似。

所著《六書妙契》，理解精到，

不讓古人。謹作長句一首題後，

〔一〕洪先生：洪良浩（一七二四—一八〇二），字漢師，號耳溪，本貫豐山，朝鮮王朝後期文臣，累官至吏曹判書、判中樞府事、大提學，謚文獻。一七八二年以朝鮮冬至兼謝恩副使第一次出使中國，著有《燕雲紀行》。一七九四年以冬至兼謝恩正使身份第二次出使中國，著有《燕雲續詠》。有文集《耳溪集》。

蓋以照行，尊紀在門，老爺爲之矣，先嘗於大雅也。名筆極清，執書一幅呈上，併珍稀，如蒙拜受，敬謝謝。長途萬里，伏惟珍重重。不宣。二月五日衡亭頓首上

朝鮮副使洪先生閣下

並以贈行。尊紀在門，走筆爲

之，知無當於

大雅也。名舓極佳，輒書一幅呈上。

餘珍種種，如數拜嘗，敬謝，敬謝。長

途萬里，伏惟

珍重，珍重。不宣。二月五日，衢亨頓首上

朝鮮副使洪先生足下。

6

副使洪先生

内長句一首上

鴨緑江頭春水生，貢使趣日將登程。示我一編别㨿體，六書妙鮮羅縱横。偏旁點畫具心得，奧字奇該令人驚。書體逞來首篆籀，岷峨積石源流清。上致冰斯瀰倉頡，貴從山下窮滄瀛。岣嶁荒碑不可讀，陳倉石鼓徒紛呈。急就凡將襍訓詁，佳、附會奈形聲。洪公讀書究原委，欲以新意超前英。旁尋波磔欣創獲，細与注釋誇研精。有如園客獻獨繭，音徽一一符副使洪先生，内長句一首上。

鴨緑江頭春水生，貢使諏日將登程。示我一編別𥿋體，六書妙解羅縱横。偏旁點畫具心得，奥字奇語令人驚。書體從來首篆籀，岷峨積石源流清。上攷冰斯溯倉頡，貴從山下窮滄瀛。岣嶁荒碑不可讀，陳倉石鼓徒紛呈。《急就》《凡將》褋訓詁，往往附會參形聲。洪公讀書究原委，欲以新意超前英。强尋波磔欣創獲，細与注釋誇研精。有如園客獻獨繭，音徽一一符

天威咫者朝正會諸使華鐙清讌罷拜賡
詩成堯澤
天子喜騰事傳播嗟朝卿使歸期限不可
駐詰朝萬里將東行我雖未見已心折況乃
雋什投瑤瑛方々
聖人煥文治宏開四庫挑崢嶸磬如洪鐘列萬
虞大叩小叩鏗然鳴頑子登堂勉入室更追太古
探咸韺與編蒐討亦不易辛勤舊晷凡幾更置
之几案珠什襲有如昭對相論許春風馬首元菟
城薊門烟樹瞻神京相期白首保令名莫忘今
日歌詩情

朝鮮洪副使示所著六書妙契爲題其後並答
來詩即以贈行

大庾戴衢亨稿

7

天成。昨者朝正會諸使，華鐙清讌聯拜賡。詩成竟得
天子喜，勝事傳播嗟朝卿。使歸期限不可駐，詰朝萬里將東行。我雖未見已心折，况乃佳什投瑶瑛。方今
聖人焕文治，宏開四庫排峥嶸。譬如洪鐘列萬虡，大叩小叩鏗然鳴。顧子登堂勉入室，更追太古探咸韺。此編蒐討亦不易，辛勤膏晷凡幾更。置之几案珎什襲，有如晤對相論評。春風馬首元菟城，薊門烟樹瞻神京。相期白首保令名，莫忘今日歌詩情。朝鮮洪副使示所著《六書妙契》，爲題其後，並答來詩，即以贈行。大庚戴衢亨稿。

朝鮮使臣慶賀元旦來京因揩引禮數餽送飲食見贈以詩即用原韻答之

御苑華燈慶上元海隅星使謁天門雅歌合奏閒仙樂（是日大戲并雜技俱陳獻）法酒親承荷

朝鮮使臣慶賀元旦來京，因指引禮數，餽送飲食，見贈以詩，即用原韻答之。

御苑華燈慶上元，海隅星使謁天門。雅歌合奏聞仙樂，是日大戲并雜技俱陳獻。法酒親承荷

至尊使臣蒙上召至御案賜酒真難逢異數也雲起揮毫東國

秀風和應律早春温獨愁

嘉宴無酬贈惟有宣揚廣

聖恩帶領入宴并引進御座上問及可能詩否代爲奏明能詩

禮部尚書德保稿

至尊。使臣蒙上召至御案賜酒，真難逢異數也。雲起揮毫東國秀，風和應律早春温。獨慙嘉客無酬贈，惟有宣揚廣聖恩。帶領入宴并引進御座，上問及可能詩否，代爲奏明能詩。

禮部尚書德保稿。

詔命邀臣集
玉園從容
天語錫溫暾唫成四韻霜毫落坐近千
官縞帶翻禮重秩
宗来海國位尊冢宰佐名藩由来

博明蒙古人曾任翰林見任兵部郎

博明，蒙古人，曾任翰林，見任兵部郎。

詔命遐臣集
玉園，從容
天語錫温暾。唫成四韻霜毫落，坐近千
官縞帶翻。禮重秩
宗來海國，位尊冢宰佐名藩。由來

恩寵應無似鎮日頻霑
上苑尊
春日和
朝鮮使者應制元韵
西齋博明草藁

恩寵應無似，鎮日頻霑

上苑尊。

春日和

朝鮮使者應制元韵。

西齋博明草藁。

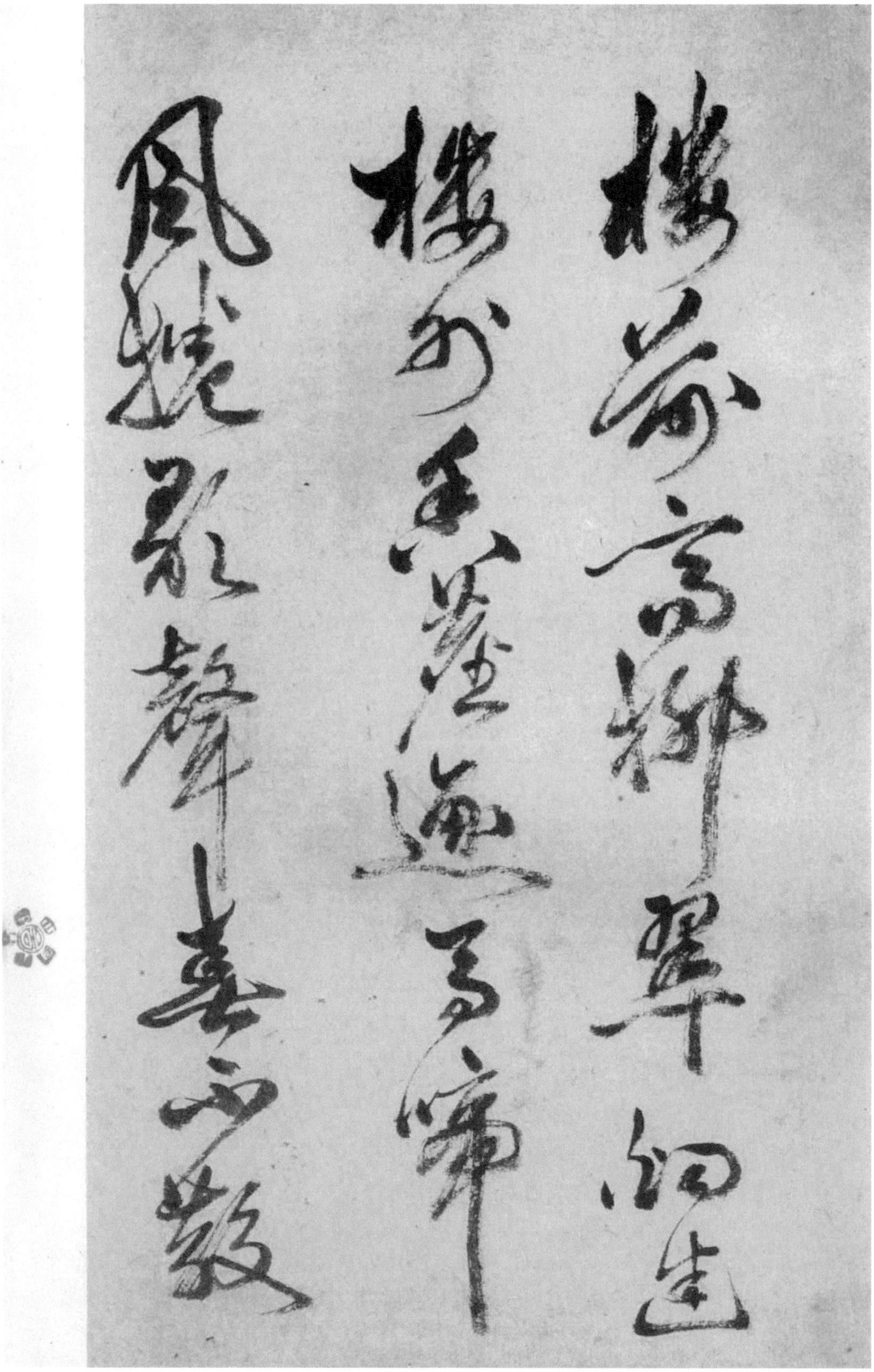

樓前高柳翠烟迷，
樓外香塵逐馬啼[一]，
風捲歌聲春不散，

〔一〕啼：這首詩是明代畫家文徵明創作的《題畫·樓前高柳翠烟迷》，原詩中「啼」作「蹄」。

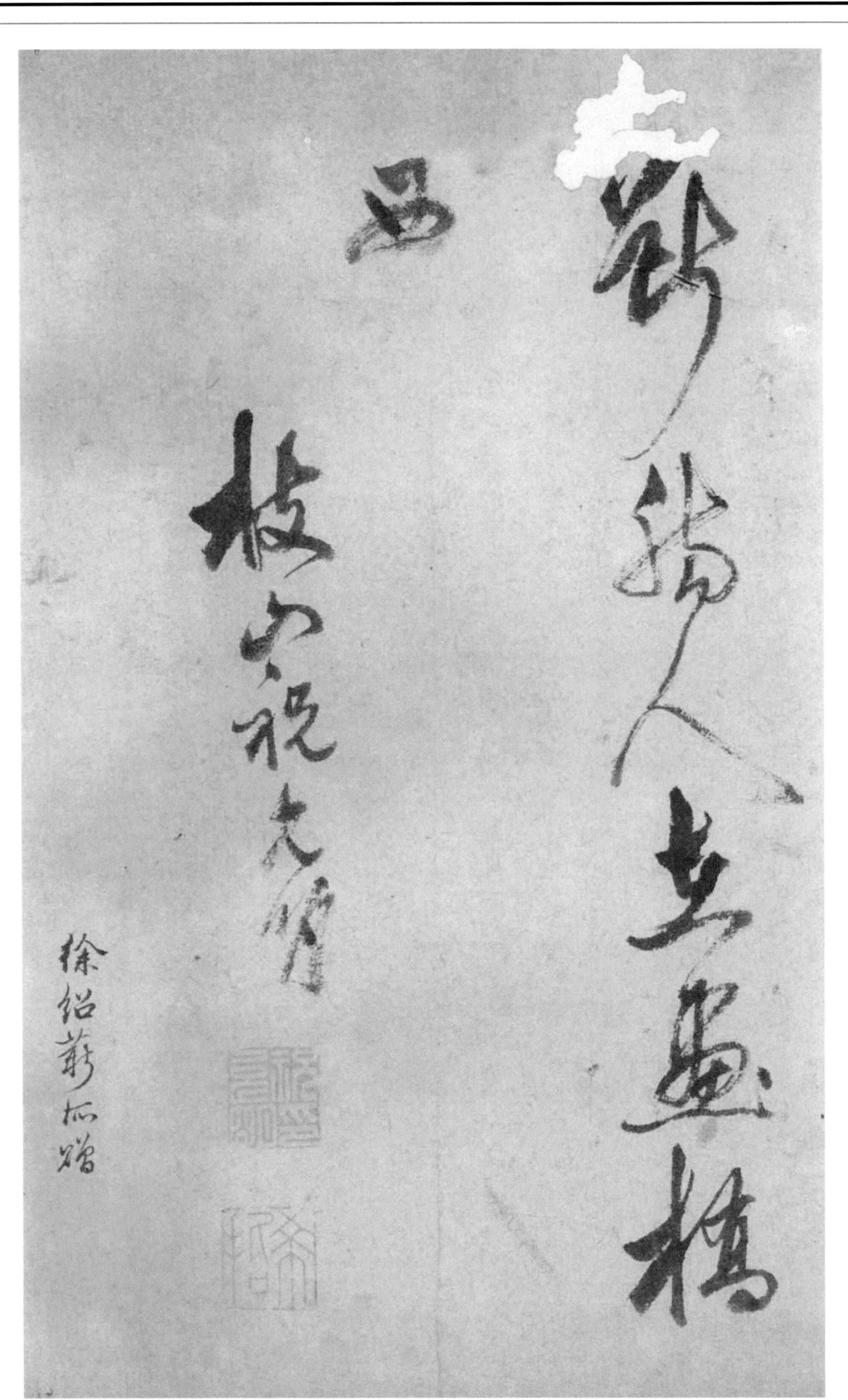

斷腸人在畫橋西。

枝山祝允明

徐紹薪所贈。

洪先生收啓　接寧貢士徐紹薪

惜春詞四首

神仙品格近西清金屋香霏貯汝名濯

錦江頭春爛漫一枝幽艷惜猩猩粧

憐漠漠綠將肥幾點殷紅隱翠微怕

惹東風深自護藏春無計送春歸

含苞未吐萼先垂綽約丰神不自持袒

恐韶光容易過故教長蒂伴相思

離離結實露凝香喊事何須到海

棠嘉種自饒清意味秋來更有碧

雞坊

［皮封］洪先生收啓 撫寧貢士徐紹薪

惜春詞四首

神仙品格近西清，金屋香霏貯汝名。濯錦江頭春爛熳，一枝幽艷惜猩猩。輕陰漠漠緑將肥，幾點殷紅隱翠微。怕惹東風深自護，藏春無計送春歸。含苞未吐蕚先垂，綽約丰神不自持。祇恐韶光容易過，故教長蒂絆相思。離離結實露凝香，憾事何須到海棠。嘉種自饒清意味，秋來更有碧雞坊。

戴心亨啓昨春奉誦
佳什情文斐然如親
芝宇李十三令弟來 京接讀
手書兼荷
寄惠古帖併東紙諸件珍感〻
舍弟現告假回籍省親夏間
方入都 供職承
錫佳品當珍藏之也 蘭亭聖教
序舊搨極難得若尋常習
見者殊不足供
賞鑒茲寄上雲麾與夫子廟堂碑
一通併家刻墨硯希惟
哂納不備
洪先生執事 戴心亨頓首
二月初八日

稚存之先生
洪翰林

戴心亨啓，昨春奉誦衢亨之兄，亦官翰林。

佳什，情文斐然，如親

芝宇。李十三令弟來京，接讀

手書，兼荷

寄惠古帖併柬紙諸件，珍感，珍感。

舍弟現告假回籍省親，夏間

方入都供職，承

錫佳品，當珍藏之也。《蘭亭》《聖教

序》，舊搨極難得，若尋常習

見者，殊不足供

賞鑒。兹寄上虞永興《夫子廟堂碑》

一通，併家刻墨硯，希惟

哂納。不備。戴心亨再拜

洪先生執事。二月初八日

洪先生啓

虞永興書
夫子廟堂
碑寄
洪先生收

李生来京奉到
手翰如接
芝顏深慰渴想詢悉
先生閣下晋秩崇階逖聽之餘曷勝欣頌
捧讀
詩文集造詣益精風格日上方之先輩
無多讓焉傾佩之至承

［皮封］洪先生啓　虞永興書《夫子廟堂碑》，寄洪先生收。

李生來京，奉到

手翰，如接

芝顔，深慰渴想。詢悉

先生閣下晋秩崇階，遜聽之餘，曷勝欣頌。

捧讀

詩文集，造詣益精，風格日上，方之先輩

無多讓焉，傾佩之至。承

寄惠花牋古帖諸物拜領把玩詢為藝
林珍品謝謝。舍弟昨歲恭奉
恩命提督山西學政，來秋方任滿回京也。茲因風
順肅泐佈覆，即問
台候多福，餘不一一。 戴心亨
洪先生閣下
外附寄紫玉光墨一匣、拙書扇股二種，希惟哂納

寄惠花牋、古帖諸物，拜領把玩，詢爲藝林珎品，謝謝。舍弟昨歲恭奉
恩命，提督山西學政，來秋方任滿回京也。茲因風順，肅泐佈覆，即問
台候多福。餘不宣。戴心亨頓首。
洪先生閣下。
外附寄紫玉光墨一匣、拙書扇聯二種，希惟哂納。

永平秀才

自永平府寄

洪老大人閣下

致

洪大人吏齊讀書處後叙實曠古奇文發揮盡致此千秋之業今欲刻石立于書院山中得足色紋銀四兩即可成事立石後仍叩

寄

洪大人敢煩

永平秀才

致

［皮封］洪老大人閣下　自永平府寄

洪大人《夷齊讀書處後叙》，實曠古奇文，發揮盡致，此千秋之業。今欲刻石立于書院山中，得足色紋銀四兩即可成事，立石後仍印

寄

洪大人。敢煩

大人回　貴國嗬向
洪大人為部人致意有便鴻時即可郵
致銀兩部人無妄辭也
洪大人惠物數種俱已拜受併謝
北平李美頓首拜具

大人回貴國時，向

洪大人爲鄙人致意，有便鴻時，即可郵

致銀兩，鄙人無妄語也。

洪大人惠物數種，俱已拜受併謝。

北平李美頓首拜具。

洪老大人晉封

孤竹郡人李美謹再拜致意

洪老尚書閣下一紙書賢于十部從事況益以珍品駢蕃耶佩領之餘唯有悚惕謝貺至意奇讀書雲後叙鉅筆鴻裁直發揮其所以然此古今來有數之文字也中及鄙人姓字可謂荷蒙不遺纖毫鳩工礱石刻于足山為

清聖微顯闡幽即為

閣下樹千秋之名于中夏且俾鄙人附驥之行愈遠識所謂一舉而三善備但恨力綿不能任重耳

閣下倘別有以教之更以

冰銜詳示

［皮封］洪老大人晋封

孤竹郡人李美謹再拜致意

洪老尚書閣下，一紙書賢于十部從事，況益以珍品騈蕃耶。佩領之餘，惟有悚惕謝貺。至《夷齊讀書處後叙》，鉅筆鴻裁，直發揮其所以然，此古今來有數之文字也。中及鄙人姓字，可謂葑菲不遺，幾欲鳩工礱石，刻于是山，爲清聖微顯闡幽，即爲閣下樹千秋之名于中夏，且俾鄙人附驥之行愈遠，誠所謂一舉而三善備。但恨力綿，不能任重耳。閣下倘別有以教之，更以冰銜詳示。

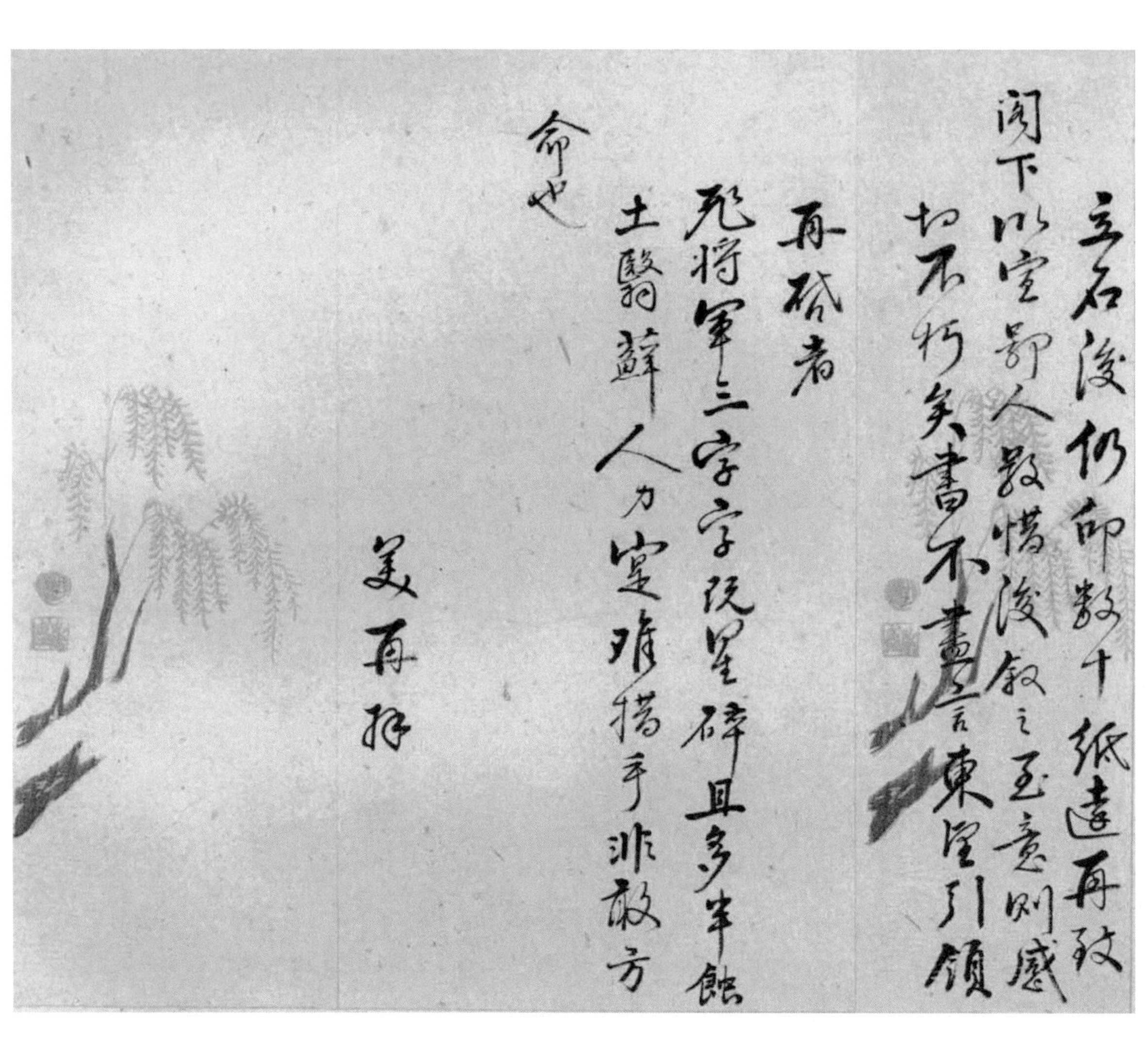

立石後仍命數十紙遠再致
閣下以寔罰人致惜後叙之至意則感
切不朽矣書不盡言東望引領
再啓者
飛將軍三字字既星碎且多半蝕
土醫薛人力定難措手非敢方
命也
美再拜

立石後，仍印數十紙，遠再致

閣下，以宣鄙人敬惜《後叙》之至意，則感

切不朽矣。書不盡言，東望引領。

再啓者，

「飛將軍」三字，字既星碎且多半蝕

土翳蘚，人力寔難措手，非敢方

命也。

美再拜。

耳溪洪尚書向以 海東副使奉
命來都詩名籍盛余時無因緣
相見心缺如也丙午冬齋泉李喜
明之兄喜經充書記來我
帝京携洪尚書詩一卷屬余於為
序余自惟平生未嘗與耳溪尚書
識面聲音笑貌不可懸揣然撫

耳溪洪尚書，向以海東副使奉命來都，詩名籍盛，余時無因緣相見，心缺如也。丙午冬，麝泉李喜明之兄喜經[一]充書記來我帝京，携洪尚書詩一卷，屬余爲序。余自惟平生未嘗與耳溪尚書識面，聲音笑貌不可懸揣，然撫

〔一〕李喜經：朝鮮王朝後期學者，字聖緯，號綸菴、十三齋、麝泉，李喜明之兄。爲朴趾源弟子，與李德懋、柳得恭、朴齊家、李書九等交遊。一生共五次燕行。一七八二年十月隨冬至使南德新第一次燕行。一七八六年第二次燕行，與陳崇本、戴衢亨等交遊。一七九〇年以上使幕客身份第三次燕行，與柳得恭、朴齊家同行，此次著有《入燕記》《雪岫外史》。此後又分别於一七九四年、一七九九年兩次燕行。

其篇什類天姿曠朗至性過人而窺至根底則浸淫乎騷選者居多凡初唐諸名家尤力所摹倣故氣清而骨雋不落凡格每一唫詠則寄託遥深求諸三百篇之遺旨胥於是乎在如是則雖與尚書未嘗如廣泉兄弟把酒

其篇什，類天姿曠朗，至性過人，而窺其根底，則浸淫乎《騷》《選》者居多。凡初唐諸名家尤力所摹倣，故氣清而骨雋，不落凡格，每一唫詠，則寄託遥深。求諸三百篇之遺旨，胥於是乎在。如是，則雖與尚書未嘗如麝泉兄弟把酒譚心共稱莫逆然天涯相契遠辱平章不揣芻蕘並忘獎借即以為神交也可時方歲暮公餘之下米鹽零雜在所關心兼以病酒終朝久荒楮墨因綸菴已擇於新正二日返國不得已而為之序異日耳溪尚書得是筆

譚心，共稱莫逆；然天涯相契，遠辱平章，不揣芻蕘，並忘獎借，即以爲神交也可。時方歲暮，公餘之下，米鹽零雜，在所關心，兼以病酒終朝，久荒楮墨。因綸菴已擇於新正二日返國，不得已而爲之序。異日耳溪尚書得是筆

蹟聊供笑柄幸勿傳示使東國
諸才人學士嗤余拙劣也
毘陵惕菴氏徐大榕題於京邸
雙槐軒寓齋

蹟，聊供笑柄，幸勿傳示，使東國諸才人學士嗤余拙劣也。

毘陵愓菴氏徐大榕題於京邸雙槐軒寓齋。

拜違

睽範倏忽數更仰止之心寢饋莫釋伏惟

大人東海鉅卿三韓名相詩文可並歐蘇名直追

韓范蓮本塞下庸愚塵叨斤長且祿乃猶有留

蒐之採擇數千里外將搜集諸將英許篇端多珍

玉令殊深慚歉擬欲將近作再為謄寫遠呈

台前以便鄙前緣為完事所羈未克如願悵莫甚焉

并因鴻便耑鳴謝悃恭叩

金安不戩

拜違

集範，寒暑數更，仰止之心，寤饋莫釋。伏惟

大人東海鉅卿，三韓名相，詩文可並歐、蘇，聲名直追韓、范。蓮本塞下庸愚，毫無片長足碌〔一〕，乃猶有芻蕘之採，數千里外，將拙集深〔二〕獎許，兼賜多珍，至今殊深慚歉。擬欲將近作再爲繕寫，遠呈

台前，以便郢削。緣爲冗事所羈，未克如願，悵莫甚焉。玆因鴻便，耑鳴謝悃，恭叩

金安，不戩。

〔一〕碌，當作「録」。
〔二〕此處疑脱一「加」字。

洪老大人閣下 上

洪大人台下 呈 籍

驪城後學齋保蓮頓首拜

裳氏拜干

上

洪老大人閣下。

驪城後學齊佩蓮頓首拜。

藉

呈

洪大人台下。

製裳氏拜干。

庚戌孟春如月上旬五日自榆關鎮中

高陞

泥厓洪大人

癸卯孟春深蒙不棄寒微有努力報知音之贈至今已
閱七八年矣猶耿耿于懷客歲司馬趙大人到榆關傳
眷殷殷念及于晚更爲頂踵受賜矣伏想福履慶吉喬
遷爲所籠中人喜更可知愧晚秩負之處之業一無狀
不能圖報知音足深歎反幸功名稍就未得大用待
異日大成再爲佈聞也
大人所許平生拙作遠惠貴東名紙命爲鄭寄是望切

庚戌孟春如月上旬五日，自榆關鎮冲。

高陞

［皮封］泥厓洪大人[一]

癸卯孟春，深蒙不棄寒微，有努力報知音之贈，至今已閱七八年矣，猶耿耿于懷。客歲司馬趙大人到榆關傳舍，殷殷念及，于晚更爲頂踵無既矣。伏稔福履處吉，喬遷爲紗籠中人，喜更可知。愧晚犹魚魚鹿鹿，無一善狀，不能遠報知音，足深歉仄。幸功名稍就，未得大用，待異日大成，再爲佈聞。至

大人所許平生著作，遠惠貴東名紙，希爲郵寄是屬，望切。

［一］泥厓洪大人：洪良浩，曾住漢陽泥厓（泥洞），因以爲號。癸卯（一七八三）洪良浩以冬至副使身份燕行。

至冬底将晚教草俚句會集成册付于贵东,以久晚之事
学问淺陋,深以何為,贻笑,耿耿於懷,清
近安不悉
陛祺不既
上
漢師洪大人閣下
檢閲小門生齋仍謹載拜

至冬底，將晚數年俚句會集成册，付于貴东，以見晚近來
學問淺深如何耳。臨池耿耿，恭請
近安，並候
陞祺。不既。
上
漢師洪大人閣下。
榆關小門生齊佩蓮載拜。

洪大人台甫耳溪老人陛

癸外仲春渥蒙
教益瞬息之间十載餘矣伏稔
大人先生服政勤劬定膺 厚福曷勝欣慶僕
比年來魚魚鹿鹿憂無善狀雖喜功名稍
遂而爲家計營心舊學都荒前此咸深豫
台德將拙作點定更加跋語捧讀之下赧
款莫似客冬得晤 芝圃李公倍悉

〔皮封〕洪大人 台甫耳溪老人 陞

癸卯仲春，深蒙

教益，瞬息之間，十載餘矣。伏稔

大人先生服政勤劬，定膺厚福，曷勝額慶。僕

比年來魚魚鹿鹿，毫無善狀，雖喜功名稍

遂，而爲家計營心，舊學都荒。前歲深承

台德，將拙作點定，更加跋語，捧讀之下，赧

顔奚似。客冬得晤芝圃李公〔一〕，倍悉

〔一〕芝圃李公：李在學（一七四五—一八〇六），字聖中，號芝浦，朝鮮王朝後期文臣，官至刑曹判書。一七九三年以冬至兼謝恩副使燕行。

閣下名冠箕域宏章鉅軸遍滿東國恨天
各一方不能時聆
訓誨亦惟筆墨之間聊藻其敬而已茲因使
羽肅泐蕪函恭請
福安不戩
上
漢卿洪大人閣下
渝水後學齊佩蓮頓首具
祈將貴東細布代買一二疋爲感又及

閣下名冠箕城，宏章鉅軸遍滿東國。恨天

各一方，不能時聆

訓誨，亦惟筆墨之間聊深芹敬而已。兹因便

羽，肅泐荒函，恭請

福安，不戩。

上

漢師洪大人閣下。　　渝水後學齊佩蓮頓具。

祈將貴東細布代買一二疋爲感，又及。

客歲冬辰謬臨
李大人言及有雅章下逮乃藏之行篋
未暇披攬今春返鄉見
大人詞意殷切兼之遠惠詩片拜領
之下心甚愧赧恨無物報答可覓良
多矣想
大人壽臻古稀勳猷懋著足側耳遙
聽定符心祝每之旅食意長詞短聊
表寸衷伏祈不宣
紫鄉居士　楓蓮再拜
甲寅年如月朔有九日

客歲冬底得晤

李大人，言及有佳章下逮，乃藏之行篋，

未暇投擲。今春返旆，見

大人詞意殷切，兼之遠惠詩片，拜領

之下，心甚愧赧。恨無物報答，所負良

多矣。想

大人壽臻古稀，勳猷懋著。愚側耳遜

聽，定符心祝。匆匆旅舍，意長詞短，聊

表寸衷。伏祈，不宣。

紫邨居士佩蓮再頓。

甲寅年如月朔有九日

嘉慶元年二月初吉

呈

洪尚書大人

啓

久蒙

臺德深荷

栽培琴夢之間時存耿耿矣昨冬貢使東臨

瑤章下逮倍悉　居起康泰　福履亨嘉均符葵忱曷勝遥頌伏念晚

本草茅賤質不堪齒數十數年來屢承

青顧小草有心敢忘所自前又錫賜多珍佳文見遺捧閱之餘琳

琅滿紙美不勝收擬欲恭和一二以備斧削緣遭仲弟之變心

無寧日不能少答萬一是爲歉仄維祈

大人勉飯加餐壽臻百齡頻年時聞

嘉慶元年二月初吉　封

呈

［皮封］洪尚書大人　啓

久蒙

臺德，深荷

栽培，琴夢之間，時存耿耿矣。昨冬貢使東臨，

瑶章下逮，倍悉居起康泰，福履亨嘉，均符葵忱，曷勝遥頌。伏念晚

本草茅賤質，不堪齒數，十數年來，屢承

青顧。小草有心，敢忘所自。前又錫賜多珍，佳文見遞，捧閱之餘，琳

琅滿紙，美不勝收。擬欲恭和一二，以備斧削，緣遭仲弟之變，心

無寧日，不能少答萬一，是爲歉仄。維祈

大人勉飯加餐，壽臻百齡。頻年時聞

教益晚承　恩更無涯涘矣茲因便羽肅具蕪禀恭叩
金安兼鳴謝悃臨穎翹企不一
上
洪老大人閣下
再者伏祈順人代書樹蔭堂額一賬爲感　楷書
撫寧後學齊佩蓮頓首拜

贈
耳溪老人七律
儒雅風流是我師　三春濶别又冬期　書來喜向燈前看
夢好翻添覺後思　舊館重經心繾綣　新詩遠寄墨淋漓　傳
經問字空存想　記得梳闌夜話時
佩蓮再拜稿

教益，晚承恩更無涯涘矣。兹因便羽，肅具蕪稟，恭叩

金安，兼鳴謝悃。臨潁翹企，不一。

上

洪老大人閣下。

再者，伏祈順人代書樹蔭堂額一聯爲感，楷書。

撫寧後學齊佩蓮頓首拜。

贈

耳溪老人七律

儒雅風流是我師，三春濶别又冬期。書來喜向燈前看，

梦好翻添覺後思。舊館重經心繾綣，新詩遠寄墨淋漓。傳

經問字空存想，記得榆關夜話時。

佩蓮再拜稿。

（諸人鈐印）

昭和己卯除夜素軒藤塚鄰敬觀

於京城望漢廬

昭和己卯除夜，素軒藤塚鄰敬觀於京城望漢廬。

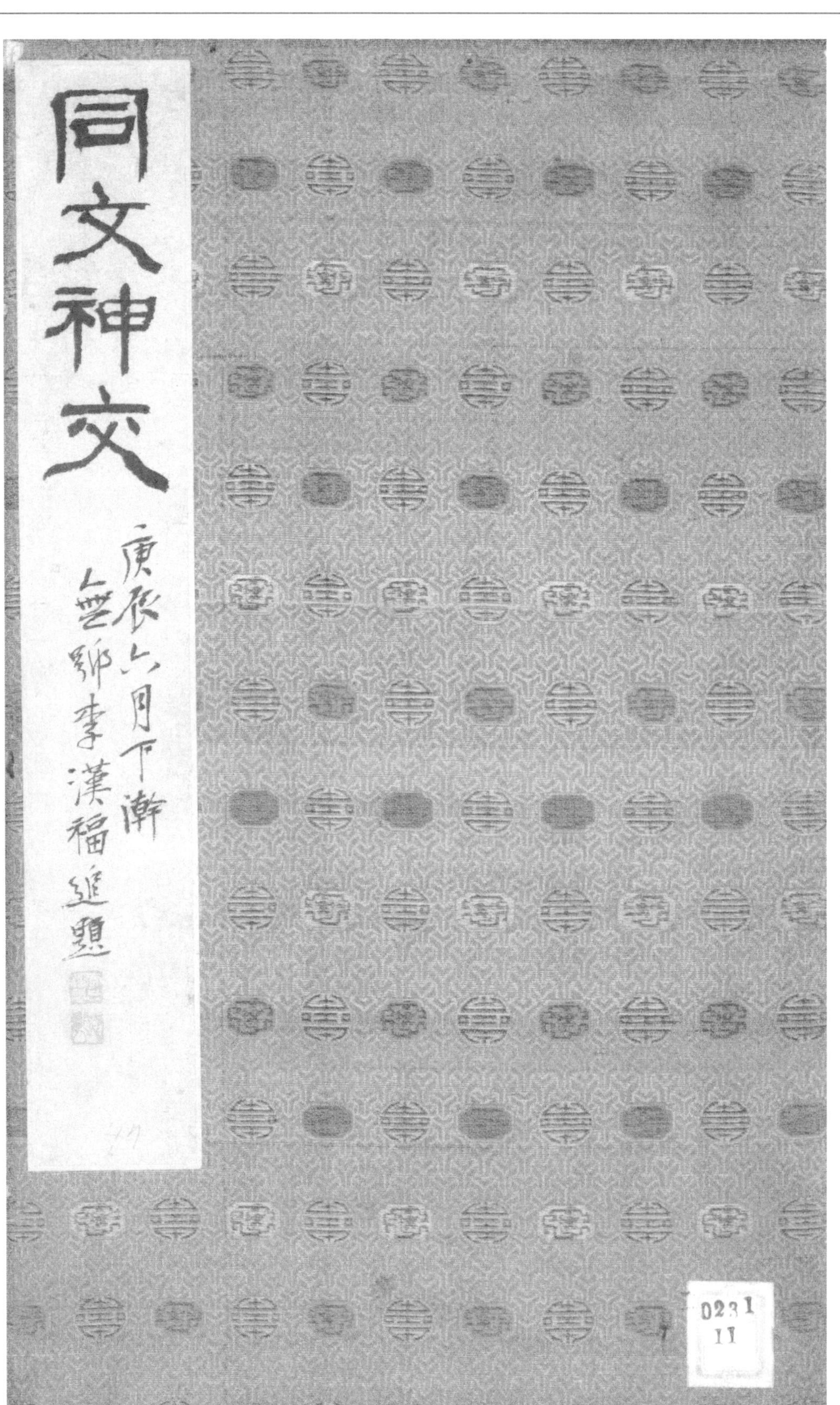
同文神交
庚辰六月下澣
無鄧李漢福廷題

同文神交

庚辰六月下澣
無號李漢福追題

貴幕下　柳公来接讀
手敎長言灑〻愧不敢當其中備蒙　批賞
拙集實為過譽然其議論古人長短處
則直為　本鄉道人所見不到者佩服
〻〻當什襲藏之異日即以為　僕全集
之序可也捧誦再四如親
芝眉且見
貴國人物之盛文獻之多惜不得握手言
歡與
老先生上下古今一快談也　僕最好著書于
経史未能窺奧于博物考古則竊有志焉

貴幕下柳公來，接讀

手教，長言灑灑，愧不敢當。其中備蒙批賞

拙集，實爲過譽。然其議論古人長短處，

則真爲吾鄉通人所見不到者，佩服，

佩服。當什襲藏之，異日即以爲僕全集

之序可也。捧誦再四，如親

芝眉，足見

貴國人物之盛，文獻之多。惜不得握手言

歡，與

老先生上下古今一快談也。僕最好著書，于

經史未能窺奥，于博物考古則竊有志焉。

已刻井蛙雜記十卷皆考大學向琉璃廠
有賣者今欲覓一部奉送而不可得矣
以副
老先生之請託為悵然耳至於
舊著看雲樓集一部奉上
皇上修四庫全書共抄寫四部一部留
大內一部留圓明園一部留文淵閣一
部留熱河除四部外並無抄本尚有
三刻者不過聚珍板一部在武英殿
然不能購也哉
皇上賜人則人有之四庫全書四部皆抄本
年即奉荅吾你
皇上手選批覽之書亦抄本年即奉奉半着

已刻《井蛙雜紀》十卷，皆考古之學，向琉璃廠
有賣者，今欲覓一部奉送，亦不可得，無
以副
老先生之諄託，爲悵然耳。[一]至我
皇上修《四庫全書》，共抄寫四部，一部留
大内，一部留圓明園，一部留文淵閣，一
部留熱河。除四部外，並無抄本。間有
刻者，不過聚珍板一二部，在武英殿，
然不能購也。或
皇上賜人，則人有之。《四庫全書》四部皆抄本，
無印本。《薈要》係
皇上手邊批覽之書，亦抄本，無印本。大半爲

---

[一] 原夾注：今呈《看雲樓集》一部奉上。

鄂頭大版以不能刻也本不過
天府之藏無書不有以備文獻而已非以
流行天下也 菴要無然 春寒日短
縷之不盡之私筆難殫述承
惠丸扇置之枕函以貴物
雖情不敢辭也外呈送奶酥餅二團湖筆
十枚 進呈鄉試錄一本墨刻五張聊效縞
紵之誼伏乞
笑覽 見所神伊人中心藏之無見君子不能
奮飛奈何奈何 見一名齋之記
清風千古白鶴松樹之間 不凡拜作

部頭大，所以不能刻也。不過天府之藏，無書不有，以備文獻而已，非以流行天下也。《薈要》亦然。春寒日短，縷縷不尽之私，筆難殫述。承惠丸、扇，置之枕函，以貴物雅情，不敢輕也。外呈送奶酥餅二團、湖筆十枚，進呈鄉試録一本、墨刻五張，聊效縞紵之誼，伏乞笑覽。所謂伊人，中心藏之，未見君子，不能奮飛，奈何，奈何。見一名亭之眖，清風千古，白鶴松楸之間，高疏不凡，拙作

未能贊揚第一僕亦有此意故有惺醒

圓詩今録呈

覽伊川飯後爲君子想

見之亦必快我心也萬億

輶軒翁安否不一

西蜀雲龍山人李濱元拜

未能贊揚萬一。僕亦有此意，故有《憶醒園詩》，今録呈覽。伊川恥獨爲君子，想見之亦必怡然也。並候輶軒鈞安。不宣。

西蜀雲龍山人李調元拜。

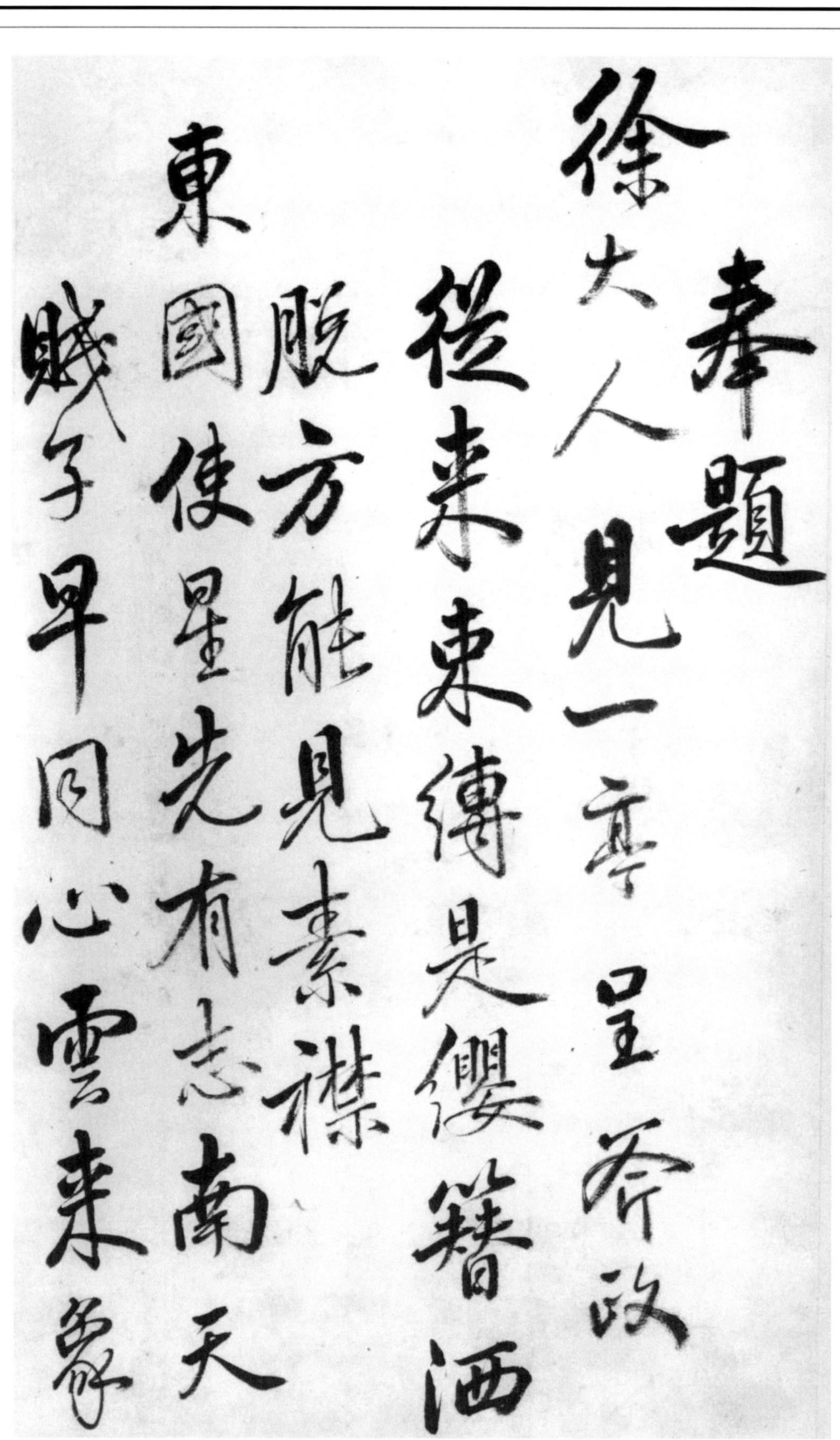
奉題
徐大人見一亭呈斧政
從來東傳是纓簪洒
脫方能見素襟
東國使星先有志南天
賤子早同心　雲來

奉題

徐大人[一]見一亭呈斧政。

從來束縛是纓簪，洒脱方能見素襟。東國使星先有志，南天賤子早同心。雲來象

〔一〕徐大人：徐浩修（一七三六—一七九九），字養直，謚靖憲，朝鮮王朝後期文臣，實學家。歷任都承旨、大司成、大司憲、奎章閣直提學，以及吏曹、刑曹、兵曹、禮曹判書。任奎章閣直提學期間，主管正祖文集《御製春邸録》的刊行。一七七六年作爲進賀兼謝恩副使出使中國。一七九〇年又以進賀兼謝恩副使第二次出使中國，此次出使是參加乾隆皇帝八旬大壽的萬壽節。撰有《燕行紀》。

嶺邊相名（余里居山名）月出鷄

林想獨吟莫道相逢

不相識

早朝門外馬駸駸（雖未拜面　然馬上望）

見似神仙中人　欽嘆久久

羅江李調元拜稿

嶺遥相召，（余里居山名。）月出鷄林想獨吟。莫道相逢不相識，早朝門外馬駸駸。（雖未拜面，然馬上望見，似神仙中人，贊嘆久之。）

羅江李調元拜稿。

賜進士出身奉政大夫吏部考功司員外郎
兼驗封司事前翰林院庶吉士内閣撰文中
書舍人國子監學正甲午科
欽命廣東主試官

賜進士出身、奉政大夫、吏部考功司員外郎，
兼驗封司事、前翰林院庶吉士、内閣撰文中
書舍人、國子監學正、甲午科
欽命廣東主試官。

昨得面晤兼領

手教知 清高之英廻殊流俗所歎者幾何等書猶是向日舊本邇來並未加增是書亦係官物私宅不能自備甚欲献情不克如願近承 須錫卻之不恭領之有愧拜登之下益覺難安外蒙不棄甚欲再 晤奈俗務匆忙刻

昨得面晤，兼領

手教，知清高之英，迥殊流俗。所歉者《幾何》等書，猶是向日舊本，邇來並未加增。是書亦係官物，私宅不能自備，甚欲献情，不克如願。近承頒錫，卻之不恭，領之有愧。拜登之下，益覺難安。外蒙不棄，甚欲再晤。奈俗務㔫忙，刻

無寧晷心餘力絀亦無如何茲復聊具不腆晷申微忱

伏冀笑納是上

大人清閲

泰西索德超拜具

遠鏡一個

内傢伙一套

無寧晷，心餘力絀，亦無如何。兹復聊具不腆，畧申微忱，

伏冀笑納。此上

大人清閱。

泰西索德超拜具。

遠鏡一個，

内傢伙一套。

奉和
朝鮮副使徐提學大人見贈元
韻即祈
訂正時庚戌八月廿又一日

奉和

朝鮮副使徐提學大人見贈元

韻，即祈

訂正，時庚戌八月廿又一日。

文章價重海天東此日
賡鼎雅意通記得清談
忘漏永龍雲博淺正雜
京　居山澗水遠塽系恰

文章價重海天東，此日賡酬雅意通。記得清談忘漏永，龍雲博識正難窮。尼山洱水遠垓京，恰

喜星軺集　鳳城猶有

箕疇遺範在常先九

澤樹風聲

闕里孔憲培拜藁

喜星軺集鳳城。猶有箕疇遺範在，常先九譯樹風聲。

闕里孔憲培拜稾。

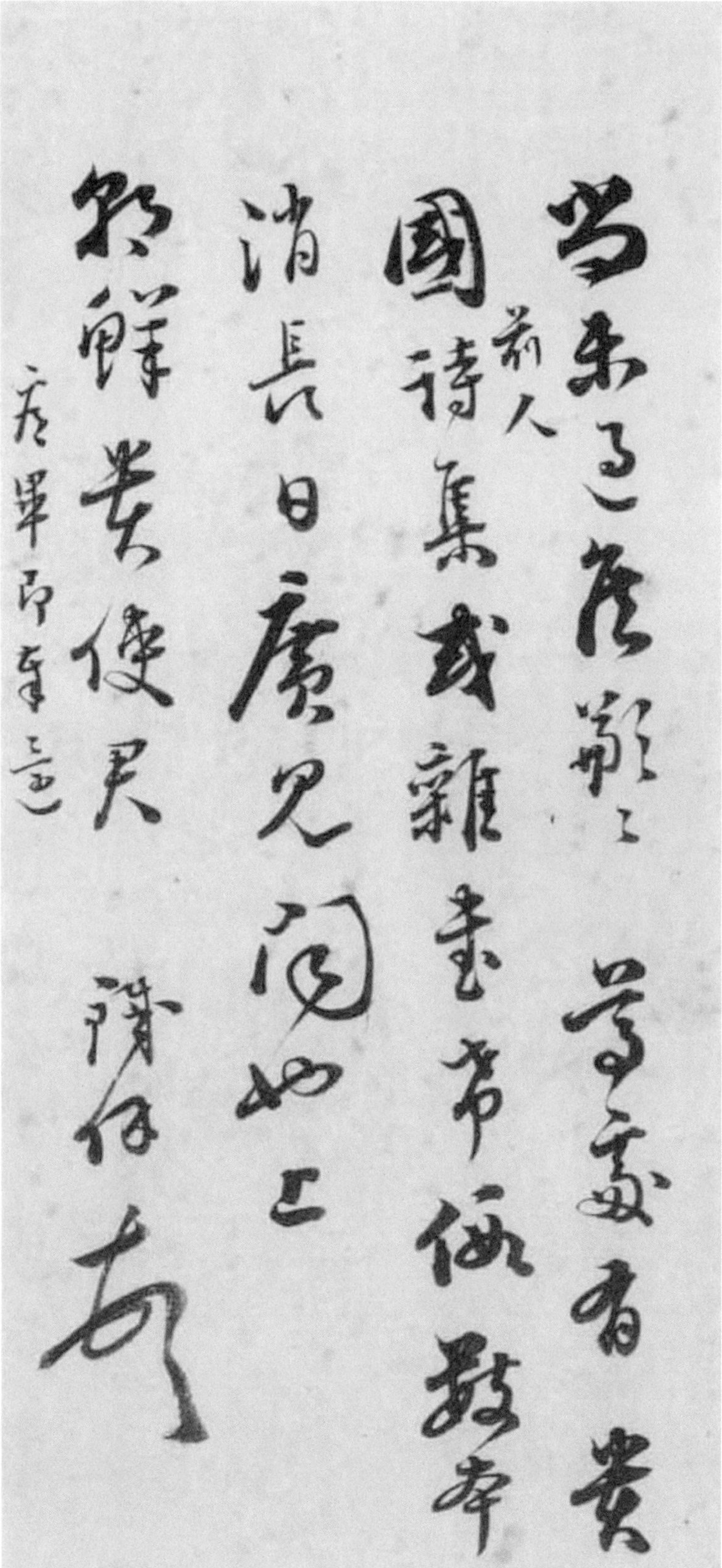

（前缺）尚未過候，歉歉。尊處有貴國前人詩集或雜書，希假數本，消長日、廣見聞也。上朝鮮貴使君。鐵保頓首。

看畢即奉還。

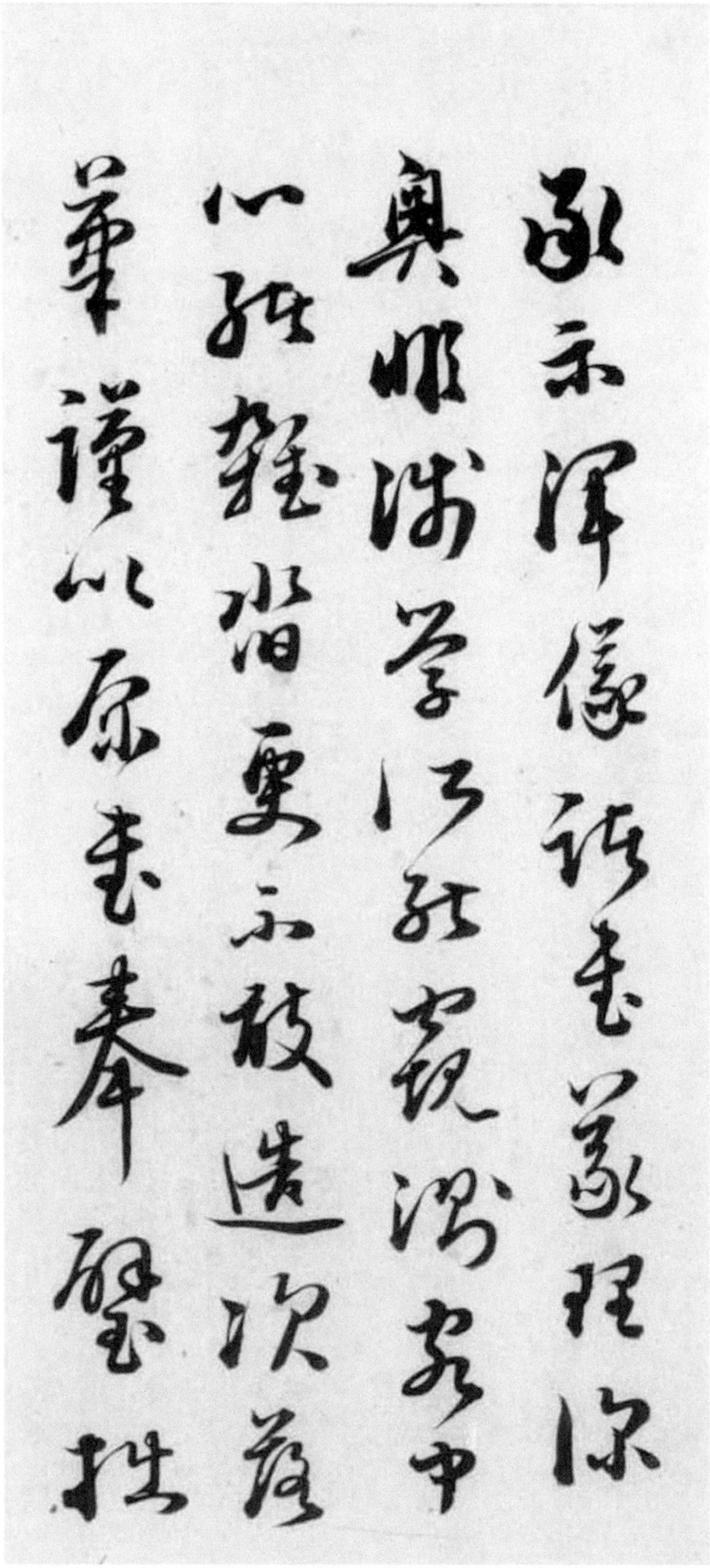

承示《渾儀》諸書，義理深奥，非淺學所能窺測。客中心緒雜沓，更不敢造次落筆，謹以原書奉璧。拙

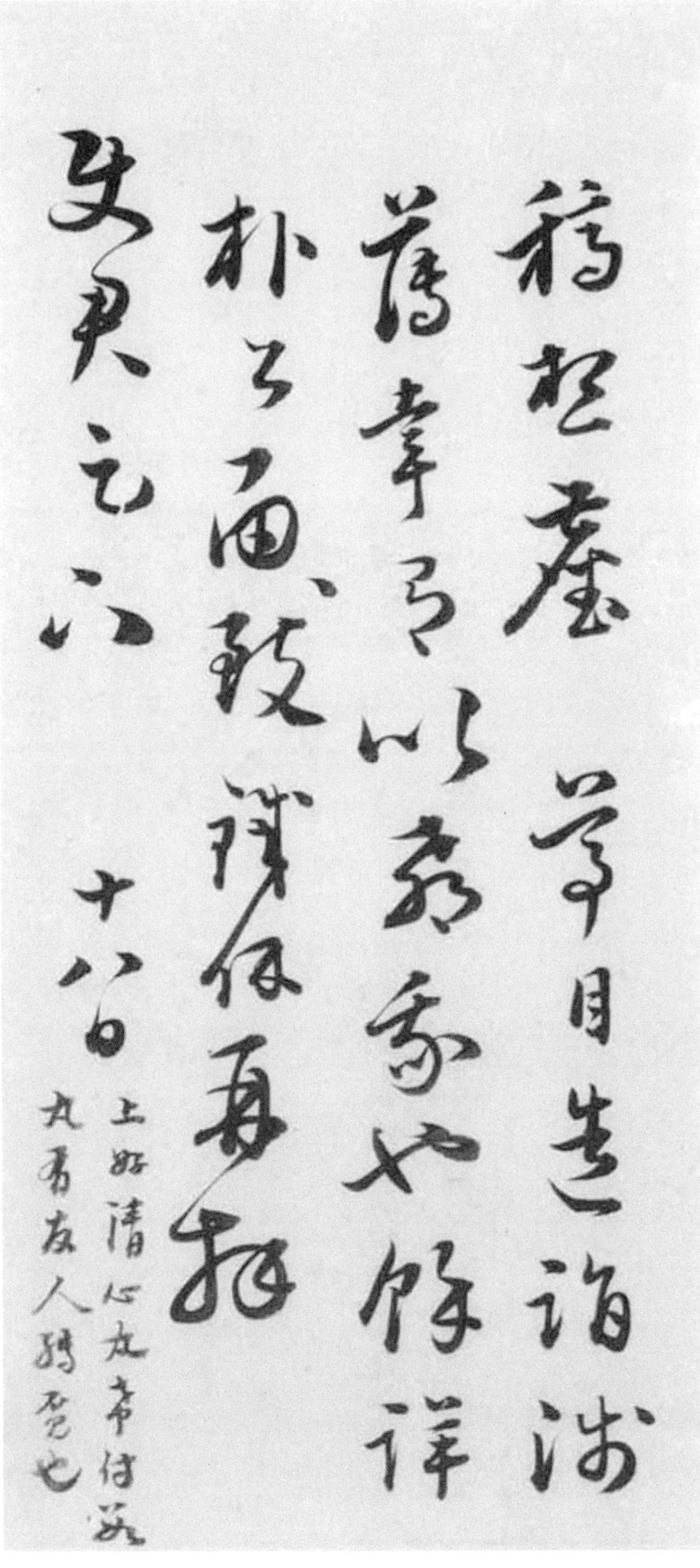

稿想塵尊目，造詣淺薄，幸有以教我也。餘詳朴公面致。鐵保再拜

使君足下。　十八日

上好清心丸希付數丸，有友人轉覓也。

塵勞碌々曾無稍暇近承

賜頒未能一候祈諒爲

頒佳珍本不敢領恐冒不恭赦顏謹受愧無

以報特覓微物数件用將不腆聊表寸誠

祈勿卻是幸肅此致復併候

塵勞碌碌，曾無稍暇。近承
賜顧，未能一候，祈諒。所
頒佳珍，本不敢領，恐冒不恭，赧顔謹受。愧無
以報，特覓微物數件，用將不腆，聊表寸誠，
祈勿卻是幸。肅此致復，併候

近祉不戩

徐大人座前

索德超拜首

近祉，不戬。

徐大人座前

索德超拜首。

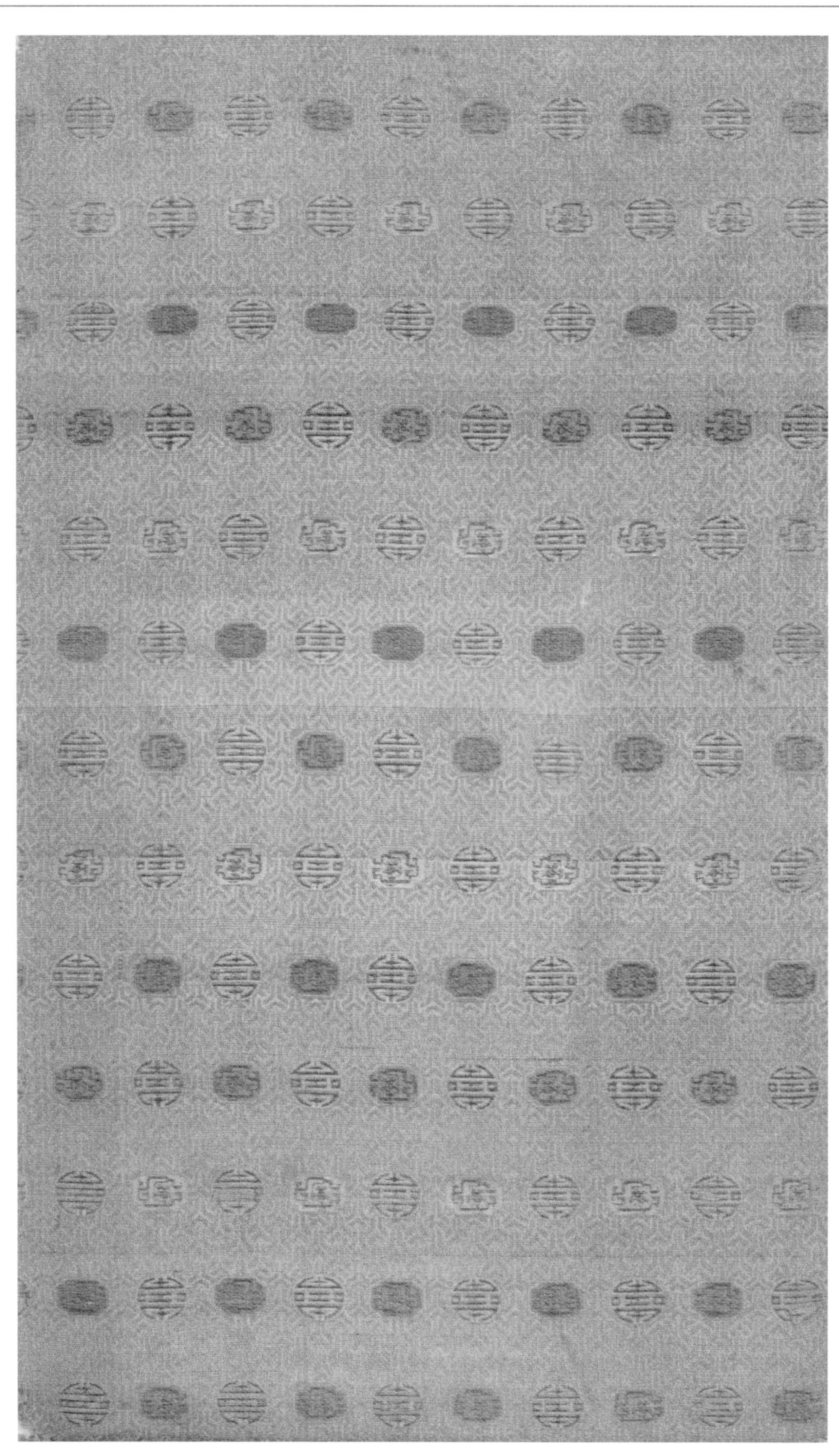

（封底）